Autor _ OVÍDIO
Título _ PRIMEIRO LIVRO
DOS AMORES

Copyright — Hedra 2011
Tradução© — Lucy Ana De Bem
Indicação — João Angelo Oliva Neto
Corpo editorial — Adriano Scatolin,
Alexandre B. de Souza,
Bruno Costa, Caio Gagliardi,
Fábio Mantegari, Iuri Pereira,
Jorge Sallum, Oliver Tolle,
Ricardo Musse, Ricardo Valle

Dados —

Dados Internacionais de Catalogação na Publicação (CI

O96   Ovídio (43 a.C.–18 d.C.)
      Primeiro livro dos amores. / Ovídio.
      Tradução de Lucy Ana de Bem. – São Paulo:
      Hedra, 2010. 128 p.

ISBN 978-85-7715-204-9

1. Literatura Italiana. 2. Poesia. 3. Poesia
Erótica. 4. Literatura da Roma Antiga
I. Título. II. Publius Ovidius Naso (43
a.C.–18 d.C.). III. Bem, Lucy Ana de, Tradutora.

CDU 850
CDD 850

Elaborado por Wanda Lucia Schmidt CRB-8-1922

Direitos reservados em língua
portuguesa somente para o Brasil

EDITORA HEDRA LTDA.

Endereço —

R. Fradique Coutinho, 1139 (subsolo)
05416-011 São Paulo SP Brasil
Telefone/Fax — +55 11 3097 8304
E-mail — editora@hedra.com.br
Site — www.hedra.com.br
Foi feito o depósito legal.

Autor _ OVÍDIO
Título _ PRIMEIRO LIVRO
DOS AMORES
Organização e tradução _ LUCY ANA DE BEM
São Paulo _ 2011

Publius Ovidius Naso ou, simplesmente, Ovídio (Sulmona [Abruzos, Itália], 43 a.C.—Tomis [Constanția, Romênia] *c.* 17 d.C.) é o último grande poeta elegíaco romano, figurando ao lado de Catulo, Tibulo, Propércio, e Galo, precursor do gênero. Além da elegia, poema de lamentação, dedicou-se também à épica e à poesia didática. Quando jovem estudou retórica e declamação em Roma e aos dezoito anos foi enviado por seu pai a Atenas. Por decisão do imperador Augusto, é exilado em 8 d.C. na cidade de Tomis, no Ponto Euxino (atual Mar Negro), por razões que desconhecemos. Afora sua obra de estreia, os *Amores*, o conjunto da sua produção poética conta com *Arte de amar*, um manual para guiar homens e mulheres na conquista amorosa; *Heroides*, cartas de personagens mitológicas e históricas a seus amados; *Remédios contra o amor*, um manual para tratar da paixão amorosa; *Cosméticos para o rosto da mulher*, poema que ensina como realçar a beleza a fim de cativar um amante (esses poemas se destacam pelo seu conteúdo marcadamente elegíaco); *Metamorfoses*, poema épico com relatos de seres da mitologia que sofreram transformações; *Fastos*, poema cívico com calendário das festividades romanas. A produção do exílio foi curta, porém intensa. *Tristes*, poemas que narram eventos sobre a vida do poeta, pedem escusas por possíveis exageros, discutem poesia etc.; *Epístolas do Ponto*, cartas escritas a amigos influentes em Roma, a fim de conquistar o perdão de Augusto; *Contra Íbis*, pequeno poema invectivo contra provável delator do poeta.

Primeiro livro dos Amores compõe a primeira parte de sua obra de juventude, *Amores*, que como o próprio autor indica no poema de abertura, sofreu edição tardia e passou a contar apenas com três livros. Os poemas, próprios da elegia erótica romana, trazem em geral a voz de um poeta jovem que, como eu-lírico, desenvolve temas que eram próprios dos epigramas, da Nova Comédia e da poesia iâmbica, tais como os conselhos de uma velha ébria, os cabelos de uma mulher ao envelhecer, o elogio ou vitupério de serviçais que ajudam ou dificultam o amor, o amante que não compreende a cobrança exigida pela prostituta, ou até mesmo o próprio gênero elegíaco e seus breves poemas coroados com murta, a planta dedicada a Vênus, e sua relação com a grandiloquência da épica.

Lucy Ana de Bem é doutoranda em linguística na Unicamp e desenvolve pesquisa sobre os *Amores* de Ovídio e sua composição intergenérica.

SUMÁRIO

Introdução, por Lucy Ana de Bem 9

PRIMEIRO LIVRO DOS AMORES 27
Epigrama 29
I 31
II 35
III 41
IV 45
V 53
VI 57
VII 65
VIII 73
IX 85
X 91
XI 99
XII 103
XIII 107
XIV 113
XV 119

INTRODUÇÃO

Carmina cum primum populo iuuenilia legi,
Barba resecta mihi bisue semelue fuit.
Mouerat ingenium totam cantata per urbem
Nomine non uero dicta Corinna mihi.
Multa quidem scripsi, sed quae uitiosa putaui
Emendaturis ignibus ipse dedi.

Quando li ao público meus versos juvenis pela primeira vez,
Havia feito minha barba uma ou duas vezes.
Excitara meu engenho aquela que, cantada por toda Roma,
Chamei pelo falso nome de Corina.
De fato, muito escrevi; mas, o que julguei ruim,
Dei às chamas, para me retratar.

Tristes IV 10, 57—62

Em seu poema autobiográfico, escrito na ocasião do exílio, Ovídio resume sua obra de estreia, *Os Amores*, em poucos versos: uma poesia que narra as relações do eu-poético com uma personagem feminina fictícia, chamada Corina. Como primeira produção poética, composta ainda em tenra juventude, a obra era extensa e cheia de vícios: por isso, a correção e, consequentemente, a elaboração de uma segunda edição da obra, mencionada no epigrama inicial do livro:

Tínhamos sido, há pouco, cinco livrinhos de Nasão,
Três agora somos; o autor preferiu esta àquela obra.
Se, por acaso, não tiveres prazer algum em nos ler,
Ao menos, retirados dois, a pena será mais leve.

Pelos trechos apresentados, não restam dúvidas sobre a existência e a autenticidade dessa segunda edição. Porém, ao longo dos anos, a crítica ovidiana tem lidado com algumas

INTRODUÇÃO

questões que parecem insolúveis: datação, conteúdo, estilo etc.

Não surpreende o fato de Ovídio ter iniciado sua carreira poética com elegias eróticas. O gênero fazia muito sucesso em sua época e o jovem poeta talvez ansiasse por suster e estender uma fama que havia iniciado já na escola de retórica, nas aulas de declamação. Sêneca, o velho, em suas *Controvérsias* II 2, 9 e 12, nos conta um pouco dessa trajetória:

Já naquele tempo, quando ainda estudava, [Ovídio] era considerado um bom declamador [...]. Nasão, entretanto, raramente declamava controvérsias e apenas se estas envolvessem a caracterização de personagens; suasórias ele proclamava de bom grado, pois as argumentações jurídicas lhe eram enfadonhas. Não permitia licenças na linguagem, mas as reservava para seus versos, cujos vícios ele não ignorava; ao contrário, amava-os. [...] A tal grande engenho não faltava o bom gosto capaz de frear a exuberância caprichosa de seus poemas, mas a coragem. Desculpava-se, dizendo que um rosto agrada mais quando possui alguma imperfeição.[1]

A elegia romana havia trazido fama para Galo, Tibulo, Propércio e a alguns outros poetas menores que também pertenciam ao círculo literário de Messala, patrono que incentivou Ovídio a abandonar a carreira pública definitivamente para se dedicar à poesia. A influência desse ambiente fora muito importante para Ovídio, pois ele podia submeter seus versos ao parecer de colegas já renomados e podia ler o que esses colegas produziam:

> *Temporis illius colui fouique poetas,*
> *Quotque aderant uates, rebar adesse deos.*
> *Saepe suas Volucres legit mihi grandior aeuo,*

---

[1] *Tunc autem, cum studeret, habebatur bonus declamator [...]. Declamabat autem Naso raro controuersias et non nisi ethicas; libentius dicebat suasorias: molesta illi erat omnis argumentatio. Verbis minime licenter usus est nisi in carminibus, in quibus non ignorauit uitia sua, sed amauit. [...] Summi ingenii uiro non iudicium defuisse ad compescedam licentiam carminum suorum, sed animum. Aiebat interim decentiorem faciem esse, in qua aliquis naeuos esset.*

LUCY ANA DE BEM

Quaeque nocet serpens, quae iuuat herba, Macer;
Saepe suos solitus recitare Propertius ignes
Iure sodalicii quo mihi iunctus erat;
Ponticus heroo, Bassus quoque clarus iambis
Dulcia conuictus membra fuere mei,
Et tenuit nostras numerosus Horatius aures,
Dum ferit Ausonia carmina culta lyra.
Vergilium uidi tantum, nec auara Tibullo
Tempus amicitiae fata dedere meae.
Successor fuit hic tibi, Galle, Propertius illi,
Quartus ab his serie temporis ipse fui.

Os poetas daquele tempo cultivei e favoreci,
E quantos fossem os vates presentes, julgava
                           [todos deuses.
Frequentemente suas *Aves* leu para mim
                      [Macro, que era mais velho,
E quais serpentes matam e quais ervas curam;
Frequentemente costumava recitar-me seus
                             [ardores Propércio,
Que se ligara a mim por laços de amizade;
Pôntico, célebre pelo verso heroico, e Basso,
                              [pelos iambos,
Foram ambos caros membros de meu círculo;
Horácio, de ritmos fecundo, encantou meus ouvidos
Ao entoar na lira ausônia seus doutos versos.
Virgílio, apenas vi; a Tibulo, os avaros fados
Não deram tempo para minha amizade.
Este, Galo, foi teu sucessor, e Propércio dele;
Desses, sou o quarto na sequência do tempo.[2]

No entanto, a elegia latina não se restringia somente a esses círculos de literatos. Seus temas, despretensiosos e subjetivos, falavam de amores, amizades e situações quotidianas: agradavam a um público constituído de jovens, que desconheciam os horrores das guerras civis e que não mais

[2]*Tristes* IV 10, 41—54. Tradução de Patrícia Prata, em tese de doutorado inédita pela Universidade Estadual de Campinas.

INTRODUÇÃO

participavam de instituições públicas tradicionais. É interessante notar que foram justamente as guerras e as grandes instituições públicas do passado que proporcionaram a majestade e a riqueza da Roma do imperador Augusto; foram esses fatores, por sua vez, que possibilitaram, a essa juventude, o cultivo do ócio e a apreciação de uma arte refinada, típica de um ambiente culto, galante e pacífico.

A ELEGIA LATINA

A poesia elegíaca em Roma, na época de Augusto, move-se em um frágil equilíbrio entre convenção e inovação. Nascida como forma literária na Grécia jônica, a elegia apresenta-se como um gênero "receptivo" desde suas origens e, na época alexandrina, une sua história com aquela do epigrama em dísticos. O gênero romano se configura como autônomo a partir da controversa figura de Cornélio Galo, que passa a conceder maior espaço à temática erótica. Sabemos pouco sobre a produção deste poeta, pois foram apenas escassos fragmentos de sua obra que chegaram até nós. Contudo, a elegia de Galo parece ter conservado algumas características originais, como o pragmatismo didático e o tom lamentoso.

A elegia latina alcança a perfeição formal com Tibulo, que introduz o estilo bucólico no dístico elegíaco, medida que caracteriza o gênero e que se trata da união de um hexâmetro e um pentâmetro. Dado que a língua latina considera as vogais segundo suas quantidades, podemos afirmar, de forma bem resumida, que o hexâmetro é um verso composto por seis pés e o pentâmetro, por cinco. O leitor poderá entender melhor a constituição dessa medida poética já no início dos *Amores*: no primeiro poema, Ovídio expõe a questão métrica como elemento primordial de sua temática.

Propércio assume um papel de ponte entre os precursores Catulo e Galo e a segunda geração elegíaca, representada,

LUCY ANA DE BEM

sobretudo, por Ovídio; o "Calímaco romano"[3] conjuga passionalidade, cultura helenística e uma forte consciência metaliterária. Ovídio filtra a tradição precedente e abate todas as fronteiras, em uma operação que muitos julgam não ser natural. Entretanto, nos poemas de exílio, o poeta de Sulmona retorna à matriz arcaica da querela.

Etimologicamente, o termo elegia comporta as seguintes possibilidades. Primeiro, remete ao lamento fúnebre, tal como indicam as etimologias possíveis: a) de *e e legein* ("cantar ai! ai!", em grego); b) de *eleein* ("comover-se"); c) de *epilegein* ("falar sobre alguém, a fim de louvá-lo"); d) de *eu legein* ("elogiar um defunto") e e) de um tal *Elegos*, filho da musa Clio, morto prematuramente. A segunda explicação é a do alexandrino Dídimo que encontra uma consonância entre o andamento do pentâmetro e a condição de um moribundo (alusão a uma "respiração ofegante", por exemplo). Estudiosos modernos, por sua vez, preferem evidenciar uma relação com o vocábulo armênio *elegn* ("flauta"), que acena ao campo semântico da *performance* poética, já que a elegia, quando recitada, era acompanhada por este instrumento de sopro.[4]

Em linhas gerais, podemos declarar que o gênero elegíaco romano tem suas raízes no epigrama grego e na elegia tradicional, geralmente ligada a ritos funerários. O epigrama é uma composição breve, geralmente sobre um tema corriqueiro: um encontro entre amantes, um presente dado, uma inscrição votiva... A elegia funerária também não costumava ser longa e tinha por objetivo louvar o falecido.

Trata-se, portanto, de um gênero peculiar, justamente porque conheceu uma vida curta, em uma época distinta. A elegia romana teve início com o poeta Cornélio Galo, por

---

[3]Cf. Prop. IV 1, 63—4: *ut nostris tumefacta superbiat Vmbria libris,/ Vmbria Romani patria Callimachi!* ("que Úmbria possa se encher de orgulho com nossos livros/ Úmbria pátria do Calímaco romano!").

[4]PINOTTI (2002: 15—6).

INTRODUÇÃO

volta de 30 a.C., e conheceu seu auge e declínio na época do imperador Augusto. Obteve maior fama com Propércio e Tibulo, sendo que Ovídio foi um de seus últimos expositores, como nos mostraram os versos 53—4 do décimo poema do quarto livro dos *Tristes*, reproduzidos acima.

Do epigrama o gênero romano herdou a forma breve e alguns temas; o tom queixoso e a métrica vieram da elegia fúnebre. Com relação ao tema, podemos dizer que a elegia romana se inspirou em vários gêneros, da Nova Comédia à poesia iâmbica de Arquíloco.

Excetuando algumas diferenças fundamentais de gênero e estilo, a elegia romana, assim como a comédia de Plauto ou Menandro, conta com algumas "personagens": o eu-elegíaco do poeta, geralmente um jovem, que assume os panos de um amante devotado e insatisfeito; a jovem, bela e gananciosa, que possui um comportamento leviano e que vez ou outra troca o poeta-amante por outro, o rival rico, capaz de dar uma infinidade de presentes caros requisitados. Sempre há influência de uma velha alcoviteira e de um escravo: a primeira apresenta a jovem, supostamente pura, a um rico pretendente (pois ela também lucrará com o encontro). Tibulo, em I 5, 47—8 e II 6, 42—3, menciona os danos que a alcoviteira, velha e beberrona, causará ao seu amor; o tema, também presente em Propércio (IV 5, 1—2) será retomado e estendido por Ovídio no oitavo poema do Primeiro livro dos *Amores*:

> [...] *Quod adest huic diues amator;*
> *Venit in exitium callida lena meum.*

> [...] Eis que aqui vem o amante rico
> E vem a velha loquaz para minha perdição.

Tib. I 5, 47—9

LUCY ANA DE BEM

Nec lacrimis oculos digna est foedare loquaces:
Lena nocet nobis, ipsa puella bona est.

Nem com lágrimas é digna de macular olhos loquazes:
a alcoviteira nos prejudica, a menina em si é pura.

Tib. ii 6, 42—3

O escravo, por sua vez, ou favorece a relação, levando os bilhetes de amor, ou atrapalha o encontro dos amantes, pois vigia a casa da jovem, negando o acesso. No sexto poema deste livro veremos um servo que, na função de guardião, atrapalha e ignora o amante; o décimo segundo poema também mostrará uma escrava em ação, mas, desta vez, tentando favorecer a união dos enamorados.

As situações e peripécias da elegia também são muito semelhantes àquelas da comédia: muitas vezes, o jovem poeta-amante sofre e sucumbe aos inúmeros caprichos da jovem, que se assemelha a uma cortesã; em outros momentos, o amante se arrisca em diversas situações bizarras para poder se encontrar com uma amante infiel e comprometida.[5]

É preciso evitar juízo de valor moralista, que impede a contemplação plena da elegia erótica, podendo nos conduzir por análises equivocadas e impertinentes. Durante muito tempo, talvez por uma forte influência do Romantismo, a elegia romana foi mal interpretada pela leitura biografista. Seus temas subjetivos (e não raras vezes, delicados), levavam críticos a confundir o poeta com o seu eu-poético; a jovem bela e amada dos versos, por receber um nome e uma descrição física e psicológica detalhada, parecia ter, obrigatoriamente, uma contraparte real. Perdeu-se muita tinta em

---

[5]Alguns autores, dentre eles FEDELI (1999: 30 e ss.), acreditam que a comédia influenciou diretamente a elegia em seu estilo; as supostas personagens da elegia romana foram elaboradas, sobretudo, com base no epigrama helenístico e no mimo. Além disso, a influência dos neotéricos ou inovadores na caracterização do amante elegíaco não é apenas inegável como relevante para a compreensão do gênero.

longas discussões sobre a "autenticidade" de Corina: ela teria sido uma das esposas de Ovídio ou uma amante casual? Era uma cortesã liberta ou uma matrona desposada?

O material antigo ao qual temos acesso hoje (poemas, comentários, relatos, anedotas etc.) não nos permite dizer, com certeza, o quanto há de real ou fictício numa elegia romana.

De forma salutar, a crítica contemporânea tem visto na elegia erótica a construção de um mundo discursivo próprio, bem delimitado, muito diverso, em alguns aspectos, do mundo real. Dessa forma, por exemplo, a descrição da jovem amada, antes tão polêmica e paradoxal, passou a ser mais inteligível: às vezes, ela é retratada como uma cortesã porque se trata de uma exigência deste gênero poético, que se insere em uma tradição literária própria, e que pede uma jovem amante nestas vestes em determinadas cenas e situações. Por isso, o paralelo com a comédia é tão elucidativo. Outras vezes, essa mesma tradição poética exige a personagem de uma jovem pura, prestes a ser corrompida pela ganância de uma cidade luxuriosa, como no poema dez deste livro:

> Qual a que em naves frígias do Eurota levada
> Motivo de guerra entre dois cônjuges era,
> Qual Leda, a quem o astuto adúltero logrou
> Oculto em alvas plumas de falsa ave,
> Qual Amimone, que errou pela árida Argos,
> Enquanto uma urna oprimia as melenas no alto da cabeça,
> Assim eras [...]

Cumpre notar que nem toda referência à jovem amada é sinalizada pelo nome Corina, nos *Amores*. A crítica ingênua se ocupou em estender a significação do nome e em ler declarações irônicas de fidelidade do eu-elegíaco como verdadeiras.[6]

Em linhas muito gerais, podemos dizer que esse universo

---

[6]CITRONI (1995: 377—482).

poético possui alguns pilares temáticos, presentes nos poetas elegíacos que mencionamos até aqui. Em Propércio, Tibulo ou Ovídio encontraremos poesias pertinentes ao tema da milícia amorosa (*militia amoris*), no qual o poeta-amante, renunciada a poesia épica e a carreira militar romana, dedica--se à vida amorosa como um soldado se dedica a um batalhão. Cupido, deus do amor, torna-se um general e a jovem, uma presa a ser conquistada, como em *Amores* I 9, 1—6:

> Todo amante milita e Cupido tem sua própria caserna;
> Ático, crê em mim, todo amante milita.
> O tempo que convém à guerra também convém à Vênus.
> É indecoroso um velho soldado, é indecoroso o amor
> [num velho.
> O fôlego que um comandante requer de um bravo soldado,
> Uma bela menina requer de um companheiro.

Outro tema muito comum à elegia erótica é a recusa (*recusatio*) dos valores tradicionais romanos: o poeta-amante abandona os gêneros poéticos considerados elevados para se dedicar à poesia amorosa. Por exemplo, Propércio, em III 3, 15—24 através de uma imagem muito simbólica, declara que seu engenho não é capaz de se empenhar na epopeia (v. 22):

> *Quid tibi cum tali, demens, est flumine? quis te*
> *Carminis heroi tangere iussit opus?*
> *Non hinc ulla tibi speranda est fama, Properti:*
> *Mollia sunt paruis prata terenda rotis;*
> *Ut tuus in scamno iactetur saepe libellus,*
> *Quem legat exspectans sola puella uirum.*
> *Cur tua praescriptos euecta est pagina gyros?*
> *Non est ingenii cumba grauanda tui.*
> *Alter remus aquas alter tibi radat harenas,*
> *Tutus eris: medio maxima turba mari est.*

> Que fazes, louco, em tal rio? Quem te
> Ordenou tocar na obra de poemas épicos?
> Dela não podes esperar fama alguma, Propércio:
> As pequenas rodas de seu carro devem percorrer prados amenos,

INTRODUÇÃO

Para que teu livrinho muitas vezes repouse sobre assentos
E a jovem, sozinha, os leia enquanto espera seu homem.
Por que tua página foi levada para além da órbita prescrita?
A pequena barca de teu engenho não deve ser sobrecarregada.
Um remo toque a água; outro, a areia e
Tu estarás seguro: no meio do mar a tempestade é maior.

Da mesma forma, o homem abandona suas ocupações e características mais viris para seguir, devotamente, uma jovem mesquinha (*seruitium amoris*).

Mas, conforme dissemos há pouco, vários gêneros poéticos exerceram influência sobre a elegia erótica: a jovem nomeada, muitas vezes declarada como única fonte de amor e inspiração, por exemplo, pode ser lida à luz da lírica do inovador Catulo; a recusa da vida pública romana (política e militar) e a dedicação exclusiva ao ócio remetem a Horácio e, em alguns aspectos, ao alexandrino Calímaco. Os constantes arroubos de ira do poeta-amante elegíaco contra a amada volúvel, assim como as invectivas contra o rival rico, contêm muitos traços da poesia iâmbica.

Traços de poesia dramática também estão presentes, sobretudo, no *pathos* do poeta-amante, que sofre constantemente pela relação amorosa frustrada. Todavia, a personagem é incapaz de abandonar a relação e, consequentemente, a poesia elegíaca (outra imposição do gênero elegíaco romano). Nos *Amores*, é marcante a presença da tragédia: para além das alusões de forma e conteúdo, as declarações do poeta-amante nos revelam algumas tentativas de composição no gênero trágico, sempre interrompidas por Cupido e pela jovem amada, que o fazem retornar para o amor e a elegia erótica (como no poema 18 do livro II). A relação entre gêneros poéticos é tão tensa nos *Amores* que, no poema inicial do livro III, os leitores percebem, junto da personagem do poeta-amante, uma disputa entre Elegia e Tragédia, as quais, personificadas, disputam o engenho do poeta em um longo diálogo. O poema termina com uma vitória momentânea

LUCY ANA DE BEM

da Elegia (pois é necessário que o poeta-amante termine o último livro dos *Amores*) e com promessa de perseverança da Tragédia:

> Conceda um pouco de tempo ao teu vate, Tragédia:
> Tu és labor eterno; o que a Elegia exige é breve.
> Comovida, concedeu vênia. Apressem-se, ternos Amores,
> Enquanto podem: obra mais grandiosa acossa-me o dorso.

E é nesse cruzamento de gêneros poéticos que se constitui o gênero elegíaco romano, rico de reminiscências e alusões. São tantas e tão diversas que seria impossível indicá-las todas. Além das alusões a outros gêneros, brevemente menciona-das, há, ainda, alusões entre os próprios poetas elegíacos: do início ao fim, os *Amores* evocam e brincam com seus prede-cessores. Neste momento, basta estarmos atentos e abertos a esses jogos, conscientes de que tais processos intertextuais enriquecem a interpretação da obra, possibilitando captar parte da sua ironia e jocosidade.

Em toda a obra de Ovídio, e não apenas naquela elegíaca, a influência dos gêneros ditos elevados é notável. Um exem-plo pungente se revela diante dos nossos olhos no início dos *Amores*, que brinca com a perspectiva dos leitores ao se enun-ciar nos moldes da grande epopeia de Virgílio, a *Eneida*. Mas tal sensação épica é passageira: desaparece quando é intro-duzida a figura de um Cupido brincalhão (v. 3), que rouba um pé do hexâmetro (medida exclusiva da epopeia), trans-formando a poesia inicial em um dístico elegíaco, ou seja, numa elegia erótica. Analisaremos, agora, alguns trechos e peculiaridades da obra de estreia de Ovídio.

OS AMORES

Pode-se admitir que o público do período do Triunvirato e do início do Império tivesse razões particulares para estar sensível a uma literatura de forte empenho ético, social e humano. Tratava-se de um público que havia vivido experi-

INTRODUÇÃO

ências de guerras civis e de acontecimentos terríveis. Pode-se admitir, também, que, nos anos de Ovídio,[7] estabeleceram-se novas condições para que leitores demonstrassem um renovado interesse por aspectos hedonistas.

Depois que esta nova poesia ensinou a apreciar uma arte requintada, que dá prazer ao autor e ao leitor, o culto da forma se tornou um bem irrenunciável, seja na poesia engajada, seja na poesia leve e de entretenimento refinado. A obra de Ovídio se desenvolve na segunda possibilidade: uma poesia de deleite e entretenimento do leitor; mas não se trata mais de um deleite restrito a formas preciosas herdadas. É um deleite obtido de um quadro vivaz, de situações picantes e fascinantes, expressas em um estilo fluente e brilhante em seus efeitos linguísticos.[8]

Todo esse brilhantismo e arte podem ser experimentados já no início de sua primeira obra, *Amores*, composta quando Ovídio ainda desfrutava de sua tenra juventude, por volta dos 18 anos. A primeira edição continha cinco livros: não se sabe, ao certo, o verdadeiro motivo da revisão e a data exata em que tenha sido feita; contudo, sabemos que foi realizada por volta de 18 a.C. e que reduziu o conjunto a três livros. Também não se pode afirmar, com certeza, qual poema foi inserido, cortado ou reescrito para a segunda edição.

Geralmente, essa datação é a mais aceita porque se acredita que a reedição seja posterior à composição da tragédia *Medeia* e dos dois primeiros livros da *Arte de Amar*. Segundo essa perspectiva, os poemas em que Ovídio menciona (alusivamente) essas duas obras (*Amores* II 18 e III 1) foram inclusos ou reescritos para a segunda edição. Em *Am.* II 18, 15 e ss., o

---

[7]Quando as lembranças das atrocidades das guerras civis começam a distanciar-se e quando, para uma nova geração de leitores, não se trata mais de lembranças pessoais diretas. BARCHIESI (1994: 7 e ss.).

[8]Algumas elegias de Tibulo e Propércio (e algumas sátiras de Horácio) também ofereciam ao leitor o prazer de um quadro mímico, de situações divertidas e audaciosas, de ensinamentos galantes e de paródia.

LUCY ANA DE BEM

poeta, dirigindo-se a um amigo que compõe epopeias (Macro), fala sobre sua produção poética:

> Risit Amor pallamque meam pictosque cothurnos
> Sceptraque priuata tam cito sumpta manu.
> Hinc quoque me dominae numen deduxit iniquae,
> Deque cothurnato uate triumphat Amor.
> Quod licet, aut artes teneri profitemur Amoris
> (Ei mihi, praeceptis urgeor ipse meis!)
> Aut, quod Penelopes uerbis reddatur Vlixi,
> Scribimus et lacrimas, Phylli relicta, tuas,
> Quod Paris et Macareus et quod male gratus Iason
> Hippolytique parens Hippolytusque legant
> Quodque tenens strictum Dido miserabilis ensem
> Dicat et Aoniae Lesbis amata lyrae.

> Amor riu de meu manto e de meus coturnos retintos
> E do cetro assumido tão rapidamente por uma mão vulgar;[9]
> Também disso me apartou o poder da senhora iníqua,
> E sobre o vate coturnado triunfa o Amor.
> Ou ensinamos, pois convém, as artes do terno Amor
> (ai de mim! molestam-me meus próprios preceitos!)
> Ou escrevemos, com as palavras de Penélope, o que seria
>   [entregue
> A Ulisses e tuas lágrimas, Fílis desamparada,
> E o que Páris e Macareu e o que o ingrato Jasão
> E Hipólito e os pais de Hipólito possam ler,
> E o que Dido, miserável, diria ao empunhar a espada
> Desembainhada e a amada de Lesbos à lira aônia.

Atentos ao trecho, nós podemos ver como Ovídio emprega significativamente um elemento essencial de sua poética nos *Amores*: a risada de Cupido. É ela que desvia o eu-poético de seus intentos literários elevados e que o obriga a compor versos de amor. Em *Amores* I 1, 3, o menino-deus

---

[9]Alusão à tragédia. Os atores desse gênero costumavam calçar coturnos, para parecerem maiores no palco. O cetro alude ao tema, que geralmente aborda histórias sobre reis e heróis mitológicos. Cf. Horácio, *Arte poética*, vv. 80 e ss.

INTRODUÇÃO

ri da tentativa épica do poeta e, com uma peraltice, leva-o a compor elegia erótica. Desta vez, no décimo oitavo poema do segundo livro, Cupido ri de sua tentativa trágica e o obriga a escrever ensinamentos sobre o amor (podemos entender uma referência a *Arte de amar*) e cartas de amor entre personagens mitológicos.

Douta e refinada, tal poderia ser a caracterização dos *Amores*. O epigrama inicial, conforme já mencionamos, aborda a questão da reedição e do contato com o leitor de forma muito engenhosa. Apenas quatro versos nos permitem conhecer a relação entre a antiga e a nova edição, cuja redução foi planejada pelo autor para melhor entreter o público. Em outros elegíacos, essa "apresentação" vem incorporada na obra. Propércio, por exemplo, relata-nos, em I 1, 1—2, que seu desejo de compor elegias se deve ao amor provocado por uma jovem mulher chamada Cíntia:

> *Cynthia prima suis miserum me cepit ocellis,*
> *Contactum nullis ante cupidinibus.*

> Cíntia foi a primeira a me capturar com seus olhos,
> Eu, infeliz, que ainda não havia sido tocado por nenhum desejo.

Nos *Amores*, por sua vez, podemos acompanhar a passagem do eu-poético em "eu-elegíaco": vemos uma personagem relutante com a dominação de Cupido em I 1, mas um amante submisso já em I 2; também presenciamos seu primeiro sofrimento amoroso em I 3, mas conhecemos sua inspiradora apenas em I 5, poema em que Corina se revela ao amante e ao leitor como em uma epifania.

A obra de estreia de Ovídio se distingue, no desenrolar dos versos, por seu humor e ironia galante. O tema da agressão à jovem amada comparece de forma diversa em Tibulo I 3, 53—68 e no poema I 7 do primeiro livro dos *Amores*. Tibulo condena de forma veemente aqueles que são capazes de agredir meninas; em Ovídio, a acusação também está presente. Mas isso não significa que a agressão esteja ausente.

LUCY ANA DE BEM

Do contrário: a recriminação surgiu somente porque um conceito dos poetas antecessores se tornou realidade – "agredir meninas é como agredir deuses" (cf. Tib. I 10, 59—60 e *Am.* I 7, 31—2).

Mas, antes de causar algum escândalo, a explicação: o eu-poético ovidiano, num arroubo de ciúmes, arrancou os cabelos da amada (I 7, 11). Ora, na tradição elegíaca, o cabelo é um elemento quase simbólico: o próprio Ovídio dedicou uma elegia inteira ao tema (I 14). Geralmente, as madeixas constituem uma das maiores armas de sedução da jovem.[10] No gênero elegíaco, a atenção demasiada à toalete e, sobretudo, aos penteados, implica um desejo de traição, pois a jovem se embeleza somente para chamar a atenção de outro homem (geralmente, o rico amante).[11] Conclusão (irônica): no mundo elegíaco, uma agressão é tão condenável quanto uma traição. Mas, quando a jovem refaz seu penteado, pelo menos um motivo de condenação desaparece... (cf. I 7, 67—8).

Como pudemos ver, sucintamente, a elegia dos *Amores* se destaca dentre seus antecessores: todo esse jogo poético que mencionamos é mais intenso e evidente; as personagens são mais marcadas em suas peculiaridades e, por isso, podem deixar suas diferenças mais evidentes. Um exemplo é a personagem do amante elegíaco: a personagem ovidiana, frente àquela de Propércio ou Tibulo, é mais irônica e divertida, sem, contudo, deixar de ser um amante típico do gênero, que sofre e chora e que se declara fiel, apesar das traições sofridas.

Em I 3, vemos o poeta amante se apropriar da figura de Júpiter, o mais infiel dos deuses, para elaborar um juramento de lealdade à amada: dessa forma, o protagonista dos *Amores* é capaz de agir conforme às exigências do gênero enquanto se insere numa tradição poética bem definida; mas o autor

[10] Cf., por exemplo, Tibulo I 5, 43 e ss. e Propércio II 2, 5.
[11] É por isso que o poeta-amante elegíaco, por uma questão de economia e ciúmes, declara o apreço pela beleza natural. LILJA (1978: 123).

INTRODUÇÃO

sorri e dá uma piscadela ao seu leitor por trás de sua máscara elegíaca.

POESIA GALANTE E EXÍLIO

Essa característica galante e jocosa perpassa toda a produção juvenil de Ovídio e pode ter deixado marcas indeléveis em sua vida e obra. Do cidadão romano Ovídio, sabemos pouco: exerceu alguns cargos, casou-se algumas vezes, teve uma filha...[12] Contudo, um acontecimento marcante seguramente ocorreu em sua vida: o exílio. Não se sabe ao certo o que provocou o abandono forçado de Roma. Ovídio menciona um suposto erro em *Tristes* IV 10, 90, o qual teria desagradado o imperador Augusto, que determinou o desterro de Nasão para a insólita região de Tomo (hoje Constanza).

Alguns estudiosos atribuem esse erro à *Arte de amar*; outros, ao conjunto da obra erótica e juvenil de Ovídio.[13] É conhecido o esforço de Augusto para reinstaurar os valores tradicionais na Roma pacífica de seu tempo: leis para punir o adultério e para favorecer o matrimônio foram compostas e tentavam difundir-se. Conforme vimos resumidamente, o universo poético da elegia erótica ia na contramão desses valores. Não somente Ovídio, mas Propércio e Tibulo também compuseram versos lascivos,[14] dentro dessa mesma temática elegíaca e erótica. Contudo, também vimos que essa característica galante era mais evidente nos poemas ovidianos; mas esse fator, em si mesmo, não pode ter constituído motivo para penalização.

Enfim, não se pode dizer, com segurança, qual teria sido a obra que possivelmente influenciou, de forma negativa, a juventude da época ou se Ovídio teria, de fato, se envolvido em algum tipo de escândalo entre a nobreza de seu tempo.

[12] Cf. Ovídio, *Tristes* IV 10, 69 e ss.
[13] Cf. Ovidio. *Amori*. Introduzione, traduzione, commento e note di Ferruccio Bertini. Milano: Garzanti, 2003, p. VII—XX.
[14] Cf. *Tristes* II 463—70.

LUCY ANA DE BEM

Podemos ler, em sua obra de exílio, pedidos de desculpas, justificativas e louvores ao imperador. O poeta mais espirituoso e citadino de Roma morreu sozinho nas inóspitas terras do Mar Negro, em 17 d.C., sem conseguir alcançar o perdão e o direito de retornar a Roma.

BIBLIOGRAFIA

BARCHIESI, A. *Il poeta e il principe. Ovidio e il discorso augusteo*. Roma: Laterza, 1994.

BARSBY, J. *Ovid's Loves*. London: Bristol Classical Press, 1998.

CITRONI, M. *Poesia e lettori in Roma antica. Forme della comunicazione letteraria*. Roma: Laterza, 1995.

CARCOPINO. *A vida quotidiana em Roma no apogeu do império*. São Paulo: Cia. das Letras, 1990.

CORTE, Francesco della. *Catulo: Le poesie*. Traduzione, commento e note di Francesco della Corte. Milano: Mondadori. 1990.

FEDELI, P. "Elegia e comedia. Innamorato, meretrice e ruffiana". In: Raffaelli, R. & Tontini, A. *Lecturae plautinae sarsinates, vol. II — Asinaria*. Urbino: Quarttoventi, 1999.

GRIMAL, P. *Dicionário da mitologia grega e latina*. Rio de Janeiro: Bertrand Brasil, 2000.

LILJA, S. *The Roman Elegists' Attitude to Women*. New York/London: Garlard, 1978.

LEVY, H.L. "Hair!". In: *Classical World*, 1968, vol. 2, pp. 135—42.

MARKY, T. *Curso elementar de Direito Romano*. São Paulo: Saraiva, 1990.

MCDANIEL, W. "The Pupula Duplex and the Other Tokens of an 'Evil Eye' in Light of Ophthalmology". In: *Classical Philology*, 1918, n. 4, vol. 13.

OVIDIO. *Amores*. Edited by E. J. Kenney. In: *Scriptorum classicorum bibliotheca oxoniensis*. Oxford: Oxford University Press, 1997.

OVIDIO. *Amori*. Traduzione, commento e note di Luca Canali. Milano: Rizzole, 1985, p. 26.

OVÍDIO. *Amores e Arte de amar*. Trad. e notas de Vicente Cristóbal. Barcelona: Gredos, 2001.

OVÍDIO. *Obra amatoria I: Amores*. Org. Francisco Socas. Madrid: Consejo Superior de Investigaciones Científicas (CSIC), 1991.

OVIDIO. *Tristia*. Introduzione di D. Giordano; traduzione di R. Mazzantie; note e commenti di M. Bonvicini. Milano: Garzanti, 1991.

INTRODUÇÃO

PINOTTI, P. *L'elegia latina. Storia di una forma poetica*. Roma: Carocci, 2002.

PERUTELLI, A. *La poesia épica latina. Dalle origini all'età dei Flavi*. Roma: Carocci, 2000.

PROPERZIO. *Elegie*. Edizione critica e traduzione di G. Giardina. Roma: Edizioni dell'Ateneo, 2005.

SENECA, il Vecchio. *Controversie*. Libro secondo. A cura di Zanon dal Bo. Bologna: Zanichelli, 1990.

TIBULLUS. *Elegies*. Text, introduction and commentary by R. Maltby. Cambridge: F. Cairns, 2002.

VEYNE, P. *História da vida privada*, vol. I. São Paulo: Cia. das Letras, 1992.

PRIMEIRO LIVRO DOS AMORES

EPIGRAMA

Qui modo Nasonis fueramus quinque libelli,
2 Tres sumus; hoc illi praetulit auctor opus.
Vt iam nulla tibi nos sit legisse uoluptas,
At leuior demptis poena duobus erit.

EPIGRAMA

Tínhamos sido, há pouco, cinco livrinhos de Nasão,
Três agora somos; o autor preferiu esta àquela obra.
Se, por acaso, não tiveres prazer algum em nos ler,
Ao menos, retirados dois, a pena será mais leve.

I

Arma graui numero uiolentaque bella parabam
2 Edere, materia conueniente modis.
Par erat inferior uersus; risisse Cupido
Dicitur atque unum surripuisse pedem.
'Quis tibi, saeue puer, dedit hoc in carmina iuris?
6 Pieridum uates, non tua, turba sumus.
Quid si praeripiat flauae Venus arma Mineruae,
Ventilet accensas flaua Minerua faces?
Quis probet in siluis Cererem regnare iugosis,
10 Lege pharetratae uirginis arua coli?
Crinibus insignem quis acuta cuspide Phoebum
Instruat, Aoniam Marte mouente lyram?
Sunt tibi magna, puer, nimiumque potentia regna:

I

Armas e violentas guerras em ritmo grave eu me preparava
Para cantar, com uma matéria adequada ao metro.   2
Semelhante era o verso inferior, Cupido riu,
Dizem, e surrupiou um pé.
"Cruel menino, quem te deu este direito em poesia?
Vate das Piérides não sou da tua turma.   6
E se Vênus roubasse as armas da loura Minerva,
E a loura Minerva avivasse tochas ardentes?
Quem aprovaria o domínio de Ceres pelas selvas montanhosas
E os campos cultivados pela lei da virgem sagitária?   10
Quem proveria Febo, insigne pelos cabelos, com aguda lança
Enquanto Marte toca a lira aônia?
Grandiosos e por demais poderosos são os teus reinos, menino;

2 adequada ao metro.]   Em poesia: Ritmo, cadência, andamento.
4 surrupiou um pé.]   Medida poética sobre a qual se firma um me-
tro. No caso d'Os Amores de Ovídio, trata-se especialmente do pentâmetro,
metro de cinco pés que, unido ao hexâmetro (seis pés), resulta num dístico
elegíaco, medida obrigatória na elegia romana antiga.   5 "Cruel menino,]
Cupido, representado muitas vezes como um menino cruel.   6 Vate]
Primordialmente, o termo *uates* se relacionava com o universo religioso,
designando uma pessoa que possuía o dom da adivinhação, inspirado por
um deus. Esse dom lhe permitia não somente prever fatos, mas conhecer
uma "verdade" futura. Sobretudo nos poetas da época de Augusto, o termo
passa a designar, em poesia, o próprio poeta, que também é inspirado
por divindades (Apolo, Baco e também Vênus, no caso dos elegíacos).
6 Piérides]   Epíteto latino para as Musas. O nome deriva do topônimo
"Piéria", que designa uma região da Trácia. Segundo a lenda, as Piérides eram
donzelas (as filhas de Piero) que cantavam divinamente e, por presunção,
subiram ao Hélicon e desafiaram as Musas. Vencidas, foram transforma-
das em pássaros. Essas donzelas, por possuírem nomes semelhantes (ou
idênticos) aos das Musas, com elas foram confundidas.   9 Ceres] Deusa
da Agricultura: cf. *Am.* III 2, 53. Muitas vezes, Ovídio utiliza o nome da
deusa para se referir à plantação de trigo: Cf. *Am.* III 14, 3 ("loura Ceres").
10 virgem sagitária?]   Ártemis, irmã de Apolo, era identificada com a
deusa Diana da mitologia romana e representada portando arco e flecha.
Inicialmente, estava relacionada à vida selvagem e à caça. Cf. Hesíodo,
Teogonia, 14.   11 Febo,] Apolo era deus da adivinhação e da música, nume
pastoral e também guerreiro, hábil em manejar o arco e a flecha. O epíteto
Febo (o brilhante) funciona como nome próprio, sobretudo em latim.

14 Cur opus affectas ambitiose nouum?
An, quod ubique, tuum est? tua sunt Heliconia tempe?

Vix etiam Phoebo iam lyra tuta sua est?
Cum bene surrexit uersu noua pagina primo,
18 Attenuat neruos proximus ille meos.
Nec mihi materia est numeris leuioribus apta,
Aut puer aut longas compta puella comas.'
Questus eram, pharetra cum protinus ille soluta
22 Legit in exitium spicula facta meum
Lunauitque genu sinuosum fortiter arcum
'Quod' que 'canas, uates, accipe' dixit 'opus.'
Me miserum! certas habuit puer ille sagittas.
26 Vror, et in uacuo pectore regnat Amor.
Sex mihi surgat opus numeris, in quinque residat;
Ferrea cum uestris bella ualete modis.
Cingere litorea flauentia tempora myrto,
30 Musa, per undenos emodulanda pedes.

Por que buscas, ambicioso, uma tarefa nova? 14

Ou mesmo tudo, por toda parte, é teu? Teus são os vales
  helicônios?

Mesmo Febo mal consegue manter segura a sua lira?

Quando se ergue, numa nova página, um primeiro verso,

O seguinte a este atenua meu vigor; 18

Não me há matéria apta a ritmos mais leves,

Um menino ou menina penteada, de longas madeixas."

Disso me queixava, quando ao longe ele, abrindo a aljava,

Escolheu flechas destinadas a minha perdição. 22

E com vigor, curvou o sinuoso arco ao joelho

E disse: "Isso, vate, recebe como matéria para cantares!".

Pobre de mim! aquele menino tinha flechas certeiras!

Agora queimo, e no peito vazio reina o Amor. 26

Que minha obra se erga com seis pés e repouse no quinto!

Adeus guerras cruéis com vossos metros!

Coroa-te as louras têmporas com murta litorânea,

Ó Musa, que deves ser modulada com onze pés! 30

---

15 helicônios] Vale nos arredores do monte Hélicon, consagrado ao deus
Apolo e às Musas. **20** Um menino ou menina penteada, de longas ma-
deixas."] O eu-elegíaco não exclui a possibilidade de manter relações ho-
mossexuais, assim como as personagens de Catulo (xxiv) ou Tibulo (i 4,
81). **29** Coroa-te as louras têmporas com murta litorânea,] Em vez de
se coroar com louros, símbolo do triunfo bélico, as Musas devem coroar-se
com murta, planta dedicada a Vênus, a deusa do amor. O ramo de murta
denota, muitas vezes, a própria poesia amorosa (cf. *Am.* iii 1, 34). Em
algumas situações, a coroa de murta simboliza o triunfo da elegia sobre
outros gêneros poéticos (cf. *Am.* I 2, 23 e I 15, 37—8). **30** com onze pés!]
Resulta em onze a soma dos pés de um dístico elegíaco, já que é formado
por um hexâmetro e um pentâmetro.

II

Esse quid hoc dicam, quod tam mihi dura uidentur
2 Strata, neque in lecto pallia nostra sedent,
Et uacuus somno noctem, quam longa, peregi,
Lassaque uersati corporis ossa dolent?
Nam, puto, sentirem, si quo temptarer amore –
6 An subit et tecta callidus arte nocet?
Sic erit: haeserunt tenues in corde sagittae,
Et possessa ferus pectora uersat Amor.
Cedimus, an subitum luctando accendimus ignem?
10 Cedamus: leue fit, quod bene fertur, onus.
Vidi ego iactatas mota face crescere flammas
Et rursus nullo concutiente mori.
Verbera plura ferunt quam quos iuuat usus aratri,
14 Detractant prensi dum iuga prima, boues.

Asper equus duris contunditur ora lupatis:
Frena minus sentit, quisquis ad arma facit.
Acrius inuitos multoque ferocius urget,
18 Quam qui seruitium ferre fatentur, Amor.
En ego, confiteor, tua sum noua praeda, Cupido;
Porrigimus uictas ad tua iura manus.
Nil opus est bello: ueniam pacemque rogamus;
22 Nec tibi laus armis uictus inermis ero.
Necte comam myrto, maternas iunge columbas;

II   35

Que diria ser isto: a cama me parecer
Tão dura, e, no leito, não permanecer minhas mantas,   2
E, insone, atravessar a noite, tão longa,
E os fatigados ossos do corpo inquieto doerem?
Pois creio que saberia, se fosse provado por algum amor.
Ou ele, engenhoso, se insinua e lesa com um artifício oculto?   6
Assim será; fixaram-se em meu coração as tênues flechas,
E o feroz Amor revolve o possuído peito.
Cedemos ou lutando avivamos o fogo súbito?
Cedamos! O peso bem suportado se torna leve.   10
Eu mesmo vi crescer inquietas chamas num facho agitado
E as vi morrer, quando ninguém o movia.
Quando os bois, oprimidos, rejeitam os primeiros jugos,
Recebem mais golpes do que aqueles a quem agrada o uso do   14
          arado.
O cavalo xucro é esfolado na boca por duras bridas;
Sente menos os freios aquele que se entrega aos arneses.
O Amor acossa com mais força e muito mais ferozmente
Os rebeldes do que aqueles que admitem suportar-lhe a servidão.   18
Eis-me aqui, confesso: sou sua nova presa, Cupido;
Estendo as mãos vencidas às tuas leis.
Não é necessária a guerra; o perdão e a paz rogo,
E, inerme, vencido por armas, não serei glória para ti.   22
Coroa-te com murta, ajunta as pombas maternas;

23 pombas maternas;]   As pombas eram aves consagradas a Vênus.

36 Qui deceat, currum uitricus ipse dabit;
    Inque dato curru, populo clamante triumphum,
26 Stabis et adiunctas arte mouebis aues.
    Ducentur capti iuuenes captaeque puellae:
    Haec tibi magnificus pompa triumphus erit.
    Ipse ego, praeda recens, factum modo uulnus habebo
30 Et noua captiua uincula mente feram.
    Mens Bona ducetur manibus post terga retortis
    Et Pudor et castris quicquid Amoris obest.
    Omnia te metuent, ad te sua bracchia tendens
34 Vulgus 'io' magna uoce 'triumphe' canet.
    Blanditiae comites tibi erunt Errorque Furorque,
    Assidue partes turba secuta tuas.

    His tu militibus superas hominesque deosque;
38 Haec tibi si demas commoda, nudus eris.
    Laeta triumphanti de summo mater Olympo
    Plaudet et appositas sparget in ora rosas.
    Tu pinnas gemma, gemma uariante capillos,

O carro que te convém teu próprio padrasto dará, | 37
E, no carro dado, enquanto o povo aclama o triunfo, estarás em pé
E com maestria guiarás as aves emparelhadas. 26
Jovens cativos e meninas cativas serão conduzidos.
Este cortejo será teu magnífico triunfo.
Eu mesmo, presa nova, mostrarei a ferida aberta recentemente
E com a mente renovada levarei cativos grilhões. 30
A Boa Mente será conduzida com as mãos atadas para trás
E o Pudor e tudo o mais que impede a milícia do Amor.
Tudo te temerá; e o vulgo, estendendo os braços,
A ti em voz alta cantará "Viva, ó triunfo!" 34
As Carícias estarão na tua comitiva e a Ilusão
E a Loucura e o Furor serão sempre da turba seguidora de teus
         iguais.
Com essas milícias tu superas homens e deuses;
Se te despires destes privilégios, estarás nu. 38
A mãe, feliz, do cimo do Olimpo ao triunfante
Aplaudirá e espargirá ao teu rosto as rosas já consagradas.
Tu, enfeitado nas asas com gemas, com gemas nos cabelos
         enfeitado,

---

24 convém teu próprio padrasto dará,] Na tradição latina, Cupido poderia
ser filho de Vênus e seu esposo, Vulcano ou de Vênus e seu amante, Marte.
Em ambos os casos, o "padrasto" poderia dar um carro ao menino: Vulcano,
por ser o "ferreiro" do Olimpo (cf. *Ilíada*, xviii 140 e ss.) e Marte, deus da
guerra, por possuir armas e carros de batalha (*Eneida* vii 694 e ss.). Contudo,
em *Am.* ii 9b, 23—4, Ovídio nos diz que o padrasto de Cupido é Marte.
31 Boa Mente] Neste verso, inicia-se a descrição da comitiva triunfal, com
a personificação dos triunfantes e dos perdedores. A Boa Mente aqui pode
ser interpretada como a "razão", que talvez pudesse ser a maior rival do
Amor. **36** Loucura e o Furor] Ou Ate, divindade grega que simbolizava
o erro, responsável, em parte, pelo mal do amor.

42 Ibis in auratis aureus ipse rotis.
Tum quoque non paucos, si te bene nouimus, ures;
Tum quoque praeteriens uulnera multa dabis.
Non possunt, licet ipse uelis, cessare sagittae;
46 Feruida uicino flamma uapore nocet.
Talis erat domita Bacchus Gangetide terra:
Tu grauis alitibus, tigribus ille fuit.
Ergo cum possim sacri pars esse triumphi,
50 Parce tuas in me perdere, uictor, opes.
Aspice cognati felicia Caesaris arma:
Qua uicit, uictos protegit ille manu.

Tu mesmo, áureo, sobre áureas rodas irás. 42
Então também não a poucos abrasarás, se bem te conheço,
Então também, avante, causarás muitas chagas;
As setas não podem cessar, ainda que tu mesmo o queiras;
A chama ardente abrasa aos próximos com o seu calor. 46
Tal era Baco, dominada a terra Gangétide:
Tu, imponente com aves; ele, com tigres.
Assim, podendo eu tomar parte no teu sacro triunfo,
Vencedor, cessa de desperdiçar teus poderes em mim. 50
Vê as afortunadas armas de teu parente César;
Ele protege os vencidos com a mão que venceu.

---

47 terra Gangétide:] Triunfo de Baco na Índia, provável terra natal do
nume. **51** teu parente César;] A família de Augusto, a *gens Iulia*, dizia-se
remontar a Iulo, filho de Enéias, que era descendente de Vênus, mãe de
Cupido.

III

Iusta precor: quae me nuper praedata puella est,
2 Aut amet aut faciat, cur ego semper amem.
A, nimium uolui: tantum patiatur amari,
Audierit nostras tot Cytherea preces.
Accipe, per longos tibi qui deseruiat annos;
6 Accipe, qui pura norit amare fide.
Si me non ueterum commendant magna parentum
Nomina, si nostri sanguinis auctor eques,
Nec meus innumeris renouatur campus aratris,
10 Temperat et sumptus parcus uterque parens,
At Phoebus comitesque nouem uitisque repertor
Hac faciunt et me qui tibi donat Amor
Et nulli cessura fides, sine crimine mores,
14 Nudaque simplicitas purpureusque pudor.
Non mihi mille placent, non sum desultor amoris:
Tu mihi, siqua fides, cura perennis eris;
Tecum, quos dederint annos mihi fila sororum,
18 Viuere contingat teque dolente mori;
Te mihi materiem felicem in carmina praebe:
Prouenient causa carmina digna sua.

III

Rogo o justo: que a menina que há pouco me conquistou
Ou me ame ou faça com que eu sempre a ame.   2
Ah, desejei demais: que ela somente se deixe amar,
Que Citeréia ouça tantas preces minhas.
Aceita aquele que seria teu escravo por longos anos,
Aceita aquele que saberia amar com fidelidade pura.   6
Se ilustres nomes de antepassados não me recomendam,
Se o genitor de meu sangue é um cavaleiro
E meus campos não são lavrados por inúmeros arados
E meus pais, parcos, administram as suas despesas,   10
Febo, porém, e as suas nove companheiras, e o inventor da vide,
E o Amor, que te presenteia comigo, por tudo isso valem;
E fidelidade a nenhuma inferior, hábitos sem culpa,
Nua simplicidade e púrpuro pudor.   14
Mil não me agradam, não sou inconstante no amor;
Tu me serás perene desvelo, se existe alguma fidelidade;
Contigo me caiba a sorte de viver os anos que me derem
Os fios das irmãs e, com teu sofrimento, morrer.   18
Entrega-te a mim como venturosa matéria de um poema:
Surgirão poemas dignos de quem os inspira.

---

4 Citeréia] Epíteto de Vênus, adorada na Citéria, lugar de onde proveio (Cf. Hesíodo, *Teogonia*, 195—8). **8** cavaleiro] A família de Ovídio pertencia à ordem equestre. Não gozava de grandes privilégios na alta sociedade romana tradicional, mas possuía consideráveis bens (cf. *Am.* III 15, 5—6 e *Tr.* IV 10, 7—8). **11** inventor da vide,] Baco. Proporciona a inspiração poética assim como Febo, as Musas e Amor. **18** irmãs] As parcas: Cloto, Láquesis e Átropos; são divindades do destino em Roma (identificada com as Moiras gregas).

42 | Carmine nomen habent exterrita cornibus Io
22 Et quam fluminea lusit adulter aue
Quaeque super pontum simulato uecta iuuenco
Virginea tenuit cornua uara manu.
Nos quoque per totum pariter cantabimur orbem
26 Iunctaque semper erunt nomina nostra tuis.

Io, aterrorizada com os cornos, renome em poesia tem,
Como aquela que o adúltero ludibriou com ave aquática,
E aquela que, com novilho falso, sobre o Ponto
Foi levada e com mão virginal segurou revirados cornos.
Nós também seremos igualmente cantados por todo o orbe,
E meu nome sempre estará junto ao teu.

21 Io, aterrorizada com os cornos, renome em poesia tem,] Júpiter havia se enamorado da bela e jovem Io, que foi transformada em vaca pela ciumenta Juno. **22** ave aquática,] Júpiter se transformou em cisne para poder se unir à Leda. **24** revirados cornos.] Júpiter se apaixonou pela beleza de Europa e, para se unir à jovem, transformou-se em um touro de chifres enormes. O animal sequestrou-a e consumou sua relação com ela em Creta.

IV

Vir tuus est epulas nobis aditurus easdem:
2 Vltima coena tuo sit precor illa uiro.
Ergo ego dilectam tantum conuiua puellam
Aspiciam? tangi quem iuuet, alter erit,
Alteriusque sinus apte subiecta fouebis?
6 Iniciet collo, cum uolet, ille manum?
Desine mirari, posito quod candida uino
Atracis ambiguos traxit in arma uiros;
Nec mihi silua domus, nec equo mea membra cohaerent:

10 Vix a te uideor posse tenere manus.
Quae tibi sint facienda tamen cognosce, nec Euris
Da mea nec tepidis uerba ferenda Notis.
Ante ueni quam uir; nec quid, si ueneris ante,
14 Possit agi uideo, sed tamen ante ueni.
Cum premet ille torum, uultu comes ipsa modesto
Ibis ut accumbas, clam mihi tange pedem;
Me specta nutusque meos uultumque loquacem:
18 Excipe furtiuas et refer ipsa notas.

IV

Teu homem vai frequentar o mesmo banquete que nós;
Rogo que esta seja sua última ceia. 2
Então eu, como conviva, à dileta menina
Apenas observarei? Haverá outro que se deleite em ser tocado,
E bem reclinada, aquecerás o regaço de outro?
Ele, quando quiser, pousará a mão em teu colo? 6
Não te surpreendas se, servido o vinho, a bela menina
Da Atrácia levou às armas homens biformes.
A selva não me é um lar, meus membros não estão unidos aos de
        um cavalo;
Vejo que mal posso manter minhas mãos longe de ti. 10
Entretanto, saibas o que deves fazer, não deixes minhas palavras
Serem levadas pelo Euro e pelo tépido Noto.
Vem antes que teu homem; se vieres antes, não vejo
O que possa ser feito; mas, contudo, vem antes. 14
Quando ele for repousar em seu leito, e tu mesma, companheira
De semblante casto, fores assentar-te, às escondidas toca-me o pé,
E observa-me com meus meneios e semblante loquaz,
E recebe os furtivos sinais e tu mesma a eles responde. 18

8 Atrácia] Hipodâmia, princesa da Atrácia (Tessália), em suas bodas com
Pirítoo, rei dos Lápitas, tanto impressionou os centauros com sua beleza que
eles, aproveitando o efeito das bebidas servidas entre os convivas, tentaram
raptá-la. **12** Euro] Euro é o vento do sudoeste. É filho de Eos (Aurora) e
de Astreu (ou de Tífon). **12** tépido Noto.] Noto é o vento do sul. Também
é filho de Eos e de Cetreu. Bóreas e Zéfiro são seus irmãos. **15** em seu leito,]
Nos banquetes, era costume haver grandes assentos ao redor das mesas. Os
convidados podiam se reclinar com o corpo estendido, posicionando suas
cabeças próximas da mesa, onde eram servidas bebidas e viandas, como
num "divã". (SOCAS, 1991, p. 7)

46 Verba superciliis sine uoce loquentia dicam;
Verba leges digitis, uerba notata mero.

Cum tibi succurret Veneris lasciuia nostrae,
22 Purpureas tenero pollice tange genas.
Si quid erit, de me tacita quod mente queraris,
Pendeat extrema mollis ab aure manus;
Cum tibi, quae faciam, mea lux, dicamue, placebunt,
26 Versetur digitis anulus usque tuis;
Tange manu mensam, tangunt quo more precantes,
Optabis merito cum mala multa uiro.
Quod tibi miscuerit, sapias, bibat ipse, iubeto;
30 Tu puerum leuiter posce, quod ipsa uoles.
Quae tu reddideris ego primus pocula sumam,
Et, qua tu biberis, hac ego parte bibam.
Si tibi forte dabit, quod praegustauerit ipse,
34 Reice libatos illius ore cibos.
Nec premat inpositis sinito tua colla lacertis,
Mite nec in rigido pectore pone caput,
Nec sinus admittat digitos habilesue papillae;
38 Oscula praecipue nulla dedisse uelis.
Oscula si dederis, fiam manifestus amator

Direi com sobrancelhas eloquentes palavras mudas; | 47
Lerás palavras marcadas com os dedos, palavras marcadas com o
       vinho.
Quando a lascívia de nossa Vênus te ocorrer,
Toca as rubras faces com o delicado polegar.   22
Se alguma queixa contra mim tiveres em tácita mente,
Suspenda a tua delicada mão à extremidade da orelha;
Quando eu fizer ou disser, minha luz, o que te agrada,
Revira continuadamente o teu anel entre teus dedos.   26
Toca a mesa com a mão, da forma como os suplicantes tocam,
Quando desejares, com razão, muitos males ao teu homem.
Sejas sábia, pede que ele mesmo beba o que mistura para ti;
Tu mesma pede ao menino, em voz baixa, o que quiseres;   30
As taças que devolveres, eu mesmo delas tomarei primeiro,
E, na parte em que tu beberes, aí mesmo eu beberei também.
Se, porventura, oferecer-te o que ele mesmo degustou,
Rejeita as viandas provadas por sua boca;   34
Não permitas que ele agarre teu colo ao abraçar-te
Nem repouses docemente a tua cabeça em seu rijo peito,
E que teus seios bem torneados não admitam seus dedos.
E, acima de tudo, não queiras lhe dar beijo algum.   38
Se lhe deres beijos, tornar-me-ei um amante revelado

27 como os suplicantes tocam,] É a atitude dos suplicantes (*gestus precantium*) ante os altares dos deuses.   **30** pede ao menino,] Geralmente, o senhor escolhia um escravo que o acompanharia e o serviria em tais banquetes. O adjetivo *puer* denominava o escravo, independentemente de sua idade. "Consideravam os escravos como crianças grandes; geralmente os chamavam de 'pequeno', 'menino' (*pais*, *puer*) mesmo quando eram velhos, e os próprios escravos se tratavam dessa forma entre si." (VEYNE, 1992, p. 70)

48

Et dicam 'mea sunt' iniciamque manum.
Haec tamen aspiciam, sed quae bene pallia celant,
42 Illa mihi caeci causa timoris erunt.
Nec femori committe femur nec crure cohaere
Nec tenerum duro cum pede iunge pedem.
Multa miser timeo, quia feci multa proterue,
46 Exemplique metu torqueor ipse mei:
Saepe mihi dominaeque meae properata uoluptas
Veste sub iniecta dulce peregit opus.
Hoc tu non facies; sed ne fecisse puteris,
50 Conscia de tergo pallia deme tuo.
Vir bibat usque roga (precibus tamen oscula desint)

Dumque bibit, furtim, si potes, adde merum.
Si bene conpositus somno uinoque iacebit,
54 Consilium nobis resque locusque dabunt.
Cum surges abitura domum, surgemus et omnes,
In medium turbae fac memor agmen eas:
Agmine me inuenies aut inuenieris in illo;
58 Quicquid ibi poteris tangere, tange, mei.
Me miserum! monui, paucas quod prosit in horas;
Separor a domina nocte iubente mea.
Nocte uir includet; lacrimis ego maestus obortis,

62 Qua licet, ad saeuas prosequar usque fores.

E direi "são meus" e os reivindicarei. | 49

Entretanto, tudo isso verei, mas, o que os mantos bem escondem,

Tudo isso me será motivo de cego temor. 42

Não unas coxa com coxa e não enlaces tua perna,

E não juntes teus tenros pés com seus ásperos pés.

Infeliz, muito temo, pois muito fiz sem pudor:

Eis que me atormenta o medo de meu próprio exemplo. 46

Muitas vezes a mim e a minha senhora, a volúpia acelerada,

Sob a veste, docemente consumou o ato.

Isto tu não farás; mas, para que não se creia que o tenhas feito,

Tira os confidentes pálios de tuas costas. 50

Pede ao teu homem que beba muito (mas faltem beijos às tuas
    súplicas)

E, enquanto bebe, furtivamente, se podes, serve mais vinho.

Se, bem conciliado pelo sono e pelo vinho, ele dormir,

A ocasião e o local nos fornecerão um plano. 54

Quando levantares para partir, e todos nos levantarmos,

Lembra-te de fazer teu percurso em meio à turba;

Nessa turba me encontrarás, ou nela serás encontrada;

Lá, o que puderes tocar em mim, toca. 58

Pobre de mim! Aconselhei o que seria útil por poucas horas;

Sob as ordens da noite, de minha senhora sou separado.

Aquele homem a encerrará de noite, eu, triste, com lágrimas
    brotando,

Seguirei até as sevas portas, onde me é licito permanecer. 62

50 Oscula iam sumet, iam non tantum oscula sumet:
Quod mihi das furtim, iure coacta dabis.
Verum inuita dato (potes hoc) similisque coactae:

66 Blanditiae taceant, sitque maligna Venus.
Si mea uota ualent, illum quoque ne iuuet opto;
Si minus, at certe te iuuet inde nihil.
Sed quaecumque tamen noctem fortuna sequetur,
70 Cras mihi constanti uoce dedisse nega!

Beijos já te tomará, já te tomará não só beijos; | 51
O que me dás furtivamente, coagida pela lei, lhe darás.
Entretanto, dá coagida (isso podes) e como quem aparenta estar
          coagida;
Que as carícias calem e avarenta seja Vênus. 66
Se meus votos valem, desejo que ele também não tenha prazer,
Se não, em nada tenhas tu prazer com ele.
Mas, contudo, seja qual for a sorte que seguir a noite,
Amanhã, com voz firme, nega-me ter dado. 70

V

Aestvus erat, mediamque dies exegerat horam;
2 Apposui medio membra leuanda toro.
Pars adaperta fuit, pars altera clausa fenestrae,
Quale fere siluae lumen habere solent,
Qualia sublucent fugiente crepuscula Phoebo
6 Aut ubi nox abiit, nec tamen orta dies.
Illa uerecundis lux est praebenda puellis,
Qua timidus latebras speret habere pudor.
Ecce, Corinna uenit, tunica uelata recincta,
10 Candida diuidua colla tegente coma,
Qualiter in thalamos famosa Semiramis isse
Dicitur et multis Lais amata uiris.
Deripui tunicam; nec multum rara nocebat,
14 Pugnabat tunica sed tamen illa tegi,
Cumque ita pugnaret tamquam quae uincere nollet,
Victa est non aegre proditione sua.
Vt stetit ante oculos posito uelamine nostros,
18 In toto nusquam corpore menda fuit:
Quos umeros, quales uidi tetigique lacertos!

V

Fazia calor e o dia tinha cumprido a metade de suas horas;
Os membros a descansar no meio do leito repousei.   2
Parte da janela estava aberta, parte fechada,
Tais lumes costumam ter as selvas,
Tais os crepúsculos que pouco alumiam quando Febo foge,
Ou quando a noite parte sem, contudo, ter nascido o dia;   6
É a essa luz que a menina casta deve expor-se,
Onde o tímido pudor anseie encontrar abrigo.
Eis, Corina chega, coberta por uma túnica lassa,
Com os cabelos repartidos cobrindo o cândido colo;   10
Da forma como, dizem, a formosa Semíramis adentrou a alcova
E Laís, amada por muitos homens.
Arranquei-lhe a túnica; transparente, não estorvava tanto,
Entretanto, ela lutava para cobrir-se;   14
Ela, que lutava como se não quisesse vencer,
Sem dificuldade foi vencida por sua própria cumplicidade.
Quando se pôs de pé, deposta a veste, ante os meus olhos,
Por todo o corpo, em toda parte, defeito algum havia.   18
Que ombros, que braços vi e toquei!

8 encontrar abrigo.]   A construção desse quadro inicial ironiza com os
valores romanos da época. Veyne (p. 197) diz: "Como se reconhecia um
autêntico libertino? Pela violação de três proibições: fazer amor antes do cair
da noite [...]; fazer amor sem criar penumbra [...]; e fazer amor com uma
parceira que ele havia despojado de todas as vestes". Portanto, o conselho
dado no verso 7 contradiz com o horário em que o casal se encontra (v. 1) e
com a total nudez da menina diante do poeta (v. 17—8).   11 Semíramis]
Semíramis e Laís são ilustrações de mulheres famosas na Antiguidade pela
beleza que possuíam: a primeira foi rainha da Babilônia; a segunda, de
Corinto, foi amante de grandes personalidades, tais como Aristipo, Diógenes
e Demóstenes. (BARSBY, 1998, p. 69)

54

Forma papillarum quam fuit apta premi!
Quam castigato planus sub pectore uenter!
22 Quantum et quale latus! quam iuuenale femur!
Singula quid referam? nil non laudabile uidi,
Et nudam pressi corpus ad usque meum.
Cetera quis nescit? lassi requieuimus ambo.
26 Proueniant medii sic mihi saepe dies.

A forma dos mamilos quão apta era ao toque!
Que ventre perfeito sob o rijo peito!
Que ancas fartas! Que coxa juvenil!
Para que entrar em detalhes? Nada vi não digno de elogio,
E, nua, abracei-a junto ao meu corpo.
Quem desconhece o restante? Rendidos, ambos repousamos.
Que me ocorram muitos meios-dias como esse!

VI

Ianitor (indignum) dura religate catena,
2   Difficilem moto cardine pande forem.
Quod precor exiguum est: aditu fac ianua paruo
Obliquum capiat semiadaperta latus.
Longus amor tales corpus tenuauit in usus
6   Aptaque subducto pondere membra dedit;
Ille per excubias custodum leniter ire
Monstrat, inoffensos derigit ille pedes.
At quondam noctem simulacraque uana timebam;
10   Mirabar, tenebris quisquis iturus erat:
Risit, ut audirem, tenera cum matre Cupido
Et leuiter 'fies tu quoque fortis' ait.
Nec mora, uenit amor; non umbras nocte uolantes,
14   Non timeo strictas in mea fata manus;
Te nimium lentum timeo, tibi blandior uni;
Tu, me quo possis perdere, fulmen habes.
Aspice (uti uideas, immitia claustra relaxa)
18   Vda sit ut lacrimis ianua facta meis.
Certe ego, cum posita stares ad uerbera ueste,
Ad dominam pro te uerba tremente tuli.
Ergo quae ualuit pro te quoque gratia quondam,

VI

Guardião, atado a duros grilhões (que infâmia!),
Movido o gonzo, abre parte da infranqueável porta.   2
O que peço é pouco; faz com que a porta semiaberta,
De limitado acesso, receba um corpo oblíquo.
Um longo amor afilou meu corpo para usos tais
E, ao debilitar o corpo, proporcionou membros capazes;   6
Ele, em meio às sentinelas de guardas silenciosos
Ensina ir, ele dirige os meus pés livres.
Mas, outrora, eu temia a noite e vãos espectros;
Admirava qualquer um que fosse andar pelas sombras.   10
Cupido riu, para que eu ouvisse, com sua terna mãe,
E brandamente disse "tu também te tornarás valente".
Sem demora veio o Amor; nem sombras volantes na noite,
Nem mãos voltadas contra meus fados temo;   14
Temo-te, demasiado insensível, lisonjeio só a ti;
Tu tens o raio com o qual podes fulminar-me.
Vê (para que vejas, fende cruéis claustros!)
Como a porta ficou molhada com minhas lágrimas.   18
Decerto eu, quando tremendo estavas e com as vestes depostas
Para os golpes, levei a tua senhora palavras em teu favor;
Por isso, o favor que outrora também te valeu,

---

2 infranqueável porta.] *Foris* refere-se a um tipo de porta que possui duas folhas. Neste caso, podemos supor que Ovídio suplica a seu interlocutor, o porteiro, para que ele abra pelo menos uma das folhas da porta. (SOCAS, p. 13) **16** Tu tens o raio] Cupido possui seu próprio raio; uma comparação irônica com o mais poderoso dos deuses. Cf. *Am.* II 1, 15—20.

22 Heu facinus! pro me nunc ualet illa parum?
Redde uicem meritis: grato licet esse quod optas.
Tempora noctis eunt; excute poste seram.
Excute: sic umquam longa releuere catena,
26 Nec tibi perpetuo serua bibatur aqua.
Ferreus orantem nequiquam, ianitor, audis:
Roboribus duris ianua fulta riget.
Vrbibus obsessis clausae munimina portae
30 Prosunt: in media pace quid arma times?
Quid facies hosti, qui sic excludis amantem?
Tempora noctis eunt; excute poste seram.
Non ego militibus uenio comitatus et armis:
34 Solus eram, si non saeuus adesset Amor;
Hunc ego, si cupiam, nusquam dimittere possum:
Ante uel a membris diuidar ipse meis.
Ergo Amor et modicum circa mea tempora uinum
38 Mecum est et madidis lapsa corona comis.
Arma quis haec timeat? quis non eat obuius illis?
Tempora noctis eunt; excute poste seram.
Lentus es, an somnus, qui te male perdat, amantis

42 Verba dat in uentos aure repulsa tua?
At, memini, primo, cum te celare uolebam,

Agora em nada me valerá? Que crime! 22 | 59
Retribui o favor; podes ser grato, se o desejas.
As horas da noite se vão; arranca o ferrolho à porta.
Arranca; assim, um dia as longas cadeias te sejam tiradas,
E a água da escravidão não te seja bebida perpétua. 26
Guardião insensível, ouve alguém que suplica em vão,
Fortificada em duros carvalhos a porta se mantém.
As defesas de uma porta fechada servem a cidades
Sitiadas; por que temes as armas em meio à paz? 30
O que farias a um inimigo, se assim repeles a um amante?
As horas da noite se vão, arranca o ferrolho à porta.
Eu não venho acompanhado de uma milícia armada;
Estaria só, se o sevo Amor não me acompanhasse; 34
Eu, ainda que o desejasse, não posso mandá-lo a parte alguma;
Antes disso, eu mesmo me apartaria de meus membros;
Assim, o Amor e um delgado vime ao redor de minhas têmporas
E uma coroa caída de meus cabelos úmidos comigo estão. 38
Quem temeria estas armas? Quem não iria contra elas?
As horas da noite se vão; arranca o ferrolho à porta.
És insensível ou o sono, que traz transtornos a ti e aos amantes,
          entrega
Aos ventos as palavras, rejeitadas por teus ouvidos? 42
Mas lembro quando, antes, quis esconder-me de ti,

38 uma coroa caída de meus cabelos úmidos comigo estão.] Indica, prova-
velmente, o retorno do amante de um banquete: está bêbado e coroado com
flores, ou seja, é "inofensivo". Cf. Ovídio, *Fastos* v, 339—340 e Propércio i 3,
14 e 21.

Peruigil in mediae sidera noctis eras.
Forsitan et tecum tua nunc requiescit amica:
46 Heu, melior quanto sors tua sorte mea!
Dummodo sic, in me durae transite catenae.
Tempora noctis eunt; excute poste seram.
Fallimur, an uerso sonuerunt cardine postes
50 Raucaque concussae signa dedere fores?
Fallimur: impulsa est animoso ianua uento.
Ei mihi, quam longe spem tulit aura meam!
Si satis es raptae, Borea, memor Orithyiae,
54 Huc ades et surdas flamine tunde foris.
Vrbe silent tota, uitreoque madentia rore
Tempora noctis eunt; excute poste seram,
Aut ego iam ferroque ignique paratior ipse,
58 Quem face sustineo, tecta superba petam.
Nox et Amor uinumque nihil moderabile suadent:
Illa pudore uacat, Liber Amorque metu.
Omnia consumpsi, nec te precibusque minisque
62 Mouimus, o foribus durior ipse tuis.
Non te formosae decuit seruare puellae
Limina, sollicito carcere dignus eras.
Iamque pruinosus molitur Lucifer axes,

Vigilante, guardavas as estrelas no meio da noite. | 61
Talvez agora contigo também descanse a tua amante;
Ai! O quanto a tua sorte é melhor que a minha! 46
Contanto que assim seja, transpassai-me, ó duros grilhões.
As horas da noite se vão, arranca o ferrolho à porta.
Engano-me ou, ao se moverem os gonzos, ressoaram os umbrais,
E deram roucos sinais as portas abaladas? 50
Engano-me; a porta é abalada pelo intrépido vento.
Ai de mim! E quão longe a brisa levou a minha esperança!
Se bem te recordas do rapto de Orítia, Bóreas,
Vem para cá e bate as surdas portas com teu sopro. 54
Toda a cidade silencia; umedecidas pelo vítreo sereno
As horas da noite se vão; arranca o ferrolho à porta,
Ou eu mesmo, já mais preparado, com o ferro e o fogo
Que na tocha sustenho, atacarei o soberbo teto. 58
A Noite e o Amor e o vinho a nada de sensato me exortam;
Ela está livre de pudores, Líbero e Amor, de medos.
Esgotaram-se todos os recursos, nem por súplicas e ameaças
Te comovi, tu, mais duro que tuas portas. 62
Não te convinha guardar os umbrais da formosa
Menina, eras digno de inquietante cárcere.
E já o glacial Lúcifer desloca o carro,

53 Orítia, Bóreas,] Bóreas é o vento do norte. Pertence à raça dos Titãs, e é famoso pelo seu ímpeto: raptou Orítia, filha do rei Erecteu de Atenas, e carregou-a para Trácia, a cidade natal do deus. **59** A Noite e o Amor e o vinho] Os três elementos, combinados, constituem um *topos* da poesia amorosa da Antiguidade (Prop. I 3, 13—4). **60** Líbero] Baco. **65** glacial Lúcifer] *Lucifer* é a "estrela da manhã".

66 Inque suum miseros excitat ales opus.
At tu, non laetis detracta corona capillis,
Dura super tota limina nocte iace;
Tu dominae, cum te proiectam mane uidebit,
70 Temporis absumpti tam male testis eris.
Qualiscumque uale sentique abeuntis honorem,
Lente nec admisso turpis amante, uale.
Vos quoque, crudeles rigido cum limine postes
74 Duraque conseruae ligna, ualete, fores.

E a ave desperta os infelizes para suas tarefas.
Mas tu, coroa arrancada de cabelos insatisfeitos,
Jaze por toda a noite sobre os duros umbrais;
Tu, quando tua senhora te vir, caída, pela manhã,
Serás testemunha do tempo tão penosamente consumido.
Como queres que seja, adeus, ouve a saudação do que parte,
Tu, insensível e infame por não acolher o amante, adeus.
E vós também, cruéis portais de rígidos umbrais
E portas de duro lenho, amigas de cárcere, adeus.

VII

Adde manus in uincla meas (meruere catenas)
2 Dum furor omnis abit, siquis amicus ades.
Nam furor in dominam temeraria bracchia mouit;
Flet mea uaesana laesa puella manu.
Tunc ego uel caros potui uiolare parentes
6 Saeua uel in sanctos uerbera ferre deos.
Quid? non et clipei dominus septemplicis Aiax
Strauit deprensos lata per arua greges,
Et, uindex in matre patris, malus ultor, Orestes
10 Ausus in arcanas poscere tela deas?
Ergo ego digestos potui laniare capillos?
Nec dominam motae dedecuere comae:
Sic formosa fuit; talem Schoeneida dicam
14 Maenalias arcu sollicitasse feras;
Talis periuri promissaque uelaque Thesei

VII

Ata minhas mãos aos grilhões (elas merecem cadeias),
Enquanto todo o furor se dissipa, se estás junto de um amigo.   2
Pois o furor levantou audaciosos braços contra a minha senhora;
Minha menina, ferida, chora por causa desta insensata mão.
Então eu poderia ou agredir caros pais
Ou levantar sevos açoites contra os sacros deuses?   6
Ájax, senhor de um clípeo Septêmplice,
Agarrados os rebanhos, abateu-os, ao longo de largas pastagens,
E Orestes, o defensor de seu pai contra sua mãe, mau
Vingador, não ousou pedir armas contra deusas sombrias?   10
Então eu fui capaz de arrancar alinhadas melenas?
As madeixas revolvidas não se assentaram mal em minha senhora.
Assim estava formosa; diria que tal Esqueneida
Atormentou com o arco as feras do Mênalo;   14
Tal chorou a cretense por ter o impetuoso Noto

2 estás junto de um amigo.] Quando um romano enlouquecia, sua tutela passava aos parentes ou amigos. Cf. Cat. XLI 5—7 e CORTE, 1990. **7** Ájax...Septêmplice,] Ájax Telamônio reinou sobre Salamina e integrou a expedição contra Tróia. Depois de Aquiles, foi um dois mais bravos. Seu escudo, em forma de torre, é um dos mais antigos de que se tem conhecimento: era feito com sete couros de bois sobrepostos, sendo a última camada, a exterior, composta por uma placa de bronze, o clípeo septêmplice. **8** largas pastagens,] Acabada a guerra, Tétis, mãe de Aquiles, havia prometido entregar as armas de seu filho ao herói mais valente entre os gregos. Ulisses foi o eleito e Ájax, num acesso de loucura, massacrou os rebanhos gregos durante a noite. Pala manhã, ao recobrar a lucidez, arrependeu-se de seu ato e suicidou-se. **9** Orestes,] Orestes é o primogênito de Agamêmnon e de Clitemnestra, a qual, na ausência do filho, assassinou o marido e casou-se com outro, passando o reino e os seus privilégios a um inimigo. Orestes voltou ao lar e vingou seu pai, matando sua mãe e padrasto. Como suplicante, pediu ajuda a Atena, fugindo das Erínias (deusas que clamam justiça por crimes consanguíneos). Ájax e Orestes aqui figuram como *exempla furoris* (SOCAS, p. 51). **13** Esqueneida] Atalanta, filha de Esqueneu, rei da Beócia. Segundo Eurípides (*Phoen.* 151), Atalanta é filha de Mênalo, herói epônimo da Arcádia, onde um monte recebeu seu nome. Criada por caçadores, era hábil com o arco. **15** cretense] Ariadne apaixonou-se pelo jovem e belo herói ateniense Teseu, que fora a Creta para matar seu meio irmão, o Minotauro. O jovem prometeu levá-la, caso a moça o ajudasse a sair do labirinto, criação dedálica. Morto o monstro, partem da ilha. No entanto, Teseu é acometido por um esquecimento e parte sozinho de Naxos, abandonando a jovem a sua própria sorte. Ver Cat. LXIV 52—264.

66 | Fleuit praecipites Cressa tulisse Notos;
Sic, nisi uittatis quod erat, Cassandra, capillis,
18 Procubuit templo, casta Minerua, tuo.
Quis mihi non 'demens', quis non mihi 'barbare' dixit?
Ipsa nihil: pauido est lingua retenta metu.
Sed taciti fecere tamen conuicia uultus;
22 Egit me lacrimis ore silente reum.
Ante meos umeris uellem cecidisse lacertos;
Vtiliter potui parte carere mei.
In mea uaesanas habui dispendia uires
26 Et ualui poenam fortis in ipse meam.
Quid mihi uobiscum, caedis scelerumque ministrae?
Debita sacrilegae uincla subite manus.
An, si pulsassem minimum de plebe Quiritem,
30 Plecterer, in dominam ius mihi maius erit?
Pessima Tydides scelerum monimenta reliquit:
Ille deam primus perculit; alter ego.
Et minus ille nocens: mihi, quam profitebar amare

Levado as promessas e as velas do pérfido Teseu. | **67**

Assim, salvo o fato de ter usado cabelos atados por fitas,

Cassandra prostrou-se em teu templo, casta Minerva. 18

Quem não me diria "louco" ou "bárbaro"?

Ela mesma, nada: sua língua foi detida por pávido medo;

Contudo, seu rosto tácito lançou contra mim censuras,

Com sua boca silente, através das lágrimas, tornou-me réu. 22

Antes, gostaria que meus braços tivessem caído de meus ombros.

Eu poderia, com mais conveniência, ter carecido de parte de mim;

Em prejuízo meu, tive arroubos insensatos

E, valente, fui forte para meu próprio castigo. 26

O que tenho que ver convosco, ministras de crimes e chacinas?

Colocai, mãos sacrílegas, os merecidos grilhões.

Se eu tivesse ferido o mais insignificante Quírite da plebe,

Seria castigado; contra minha senhora eu teria um direito maior? 30

O Tidida deixou as piores lembranças de crimes;

Ele foi o primeiro a ferir uma deusa; eu, o segundo.

Mas ele foi menos nocivo; ela, que proclamava me amar,

---

18 Cassandra] Filha de Príamo e Hécuba, Cassandra havia despertado o amor em Apolo, que lhe prometeu a dádiva da profecia, caso cedesse aos seus desejos. A jovem concordou e, recebido o dom, negou os prazeres ao deus. Furioso, Apolo retirou-lhe não o dom da predição, mas da persuasão. As fitas que prendiam seus cabelos (*uitta*) faziam parte de um rito, próprio das sacerdotisas do nume (sobre as *uitta* cf. Virg. *En.* II 103—6. **29** Quírite da plebe,] Para o *ius Quiritium*, constituía crime um cidadão romano agredir outro cidadão romano qualquer. (MARKY, 1990, p. 13) Além disso, para o código elegíaco, ferir a amante era pior que agredir um concidadão, pois o enamorado fazia-se escravo de sua amante pelo amor que por ela sentia. Para a tópica da amante agredida, cf. Tibulo I 10, 53—68 e Propércio II 5, 21—6. Para a tópica do *seruitium amoris* ("escravidão amorosa"), cf. *Am.* I 3, 5 e Tibulo I 2, 99—100. **31** Tidida] Trata-se de Diomedes, filho de Tideu, bravo guerreiro grego que durante a guerra de Tróia (Hom., *Il.* V 318—51) ousou ferir a deusa Vênus nas pernas, pois ela lutava, disfarçada, contra os Aqueus. O tema da *puella diuina* está em Cat. LXVIII; Prop. I 5, 32; II, 23—4; 18, 11—2; II 2, 5—14; 3, 25—32 e também em Tib. I 10, 59—60.

68 | 34 Laesa est; Tydides saeuus in hoste fuit.
I nunc, magnificos uictor molire triumphos,
Cinge comam lauro uotaque redde Ioui,
Quaeque tuos currus comitantum turba sequetur,
38 Clamet 'io forti uicta puella uiro est!'
Ante eat effuso tristis captiua capillo,
Si sinerent laesae, candida tota, genae.
Aptius impressis fuerat liuere labellis
42 Et collum blandi dentis habere notam.
Denique si tumidi ritu torrentis agebar
Caecaque me praedam fecerat ira suam,
Nonne satis fuerat timidae inclamasse puellae
46 Nec nimium rigidas intonuisse minas,
Aut tunicam a summa diducere turpiter ora
Ad mediam (mediae zona tulisset opem)?
At nunc sustinui raptis a fronte capillis
50 Ferreus ingenuas ungue notare genas.
Astitit illa amens albo et sine sanguine uultu,
Caeduntur Pariis qualia saxa iugis.
Exanimis artus et membra trementia uidi,
54 Vt cum populeas uentilat aura comas,
Vt leni Zephyro gracilis uibratur harundo
Summaue cum tepido stringitur unda Noto;

Foi ferida; o Tídida foi cruel contra um inimigo. 34
Vai agora, vencedor, preparar magníficos triunfos;
Cinge com louros a tua cabeça e rende votos a Júpiter,
E que a turba de teu séquito siga os teus carros
Gritando: "Viva! Uma menina foi vencida por um homem robusto". 38
Na frente vá a triste cativa, com os cabelos em desalinho,
Toda alva, se consentirem as faces feridas.
Melhor teria sido, aos lábios, tornarem-se lívidos por beijos,
E, ao colo, ostentar as marcas de meigas mordidas. 42
Enfim, se à maneira de uma túmida torrente eu me precipitava
E a cega ira me havia feito sua presa,
Não teria sido suficiente gritar com a assustada menina
E esbravejar ameaças por demais severas 46
Ou arriar obscenamente a túnica dos ombros
Até a cintura? Aí o cinto lhe prestaria ajuda.
Mas então, cruel, arrancados os cabelos da fronte,
Encarreguei-me de marcar com unhas as delicadas faces. 50
Ela, fora de si, paralisou-se com o alvo rosto sem sangue,
Qual rochas entalhadas nos cumes do Paros;
Vi o corpo sem força e os trêmulos membros,
Como quando a brisa agita as madeixas de um choupo, 54
Como a delgada cana estremecida pelo Zéfiro,
Ou como quando a crista da onda é agitada pelo tépido Noto.

52 nos cumes do Paros;] Uma das ilhas Cícladas, no Mediterrâneo, famosa por seus mármores. Essa menção não nos parece ser fortuita, pois o local é considerado a terra do poeta Arquíloco, cuja obra é composta, principalmente, de versos iâmbicos: medida usada na poesia imprecatória, irascível.

Suspensaeque diu lacrimae fluxere per ora,
58 Qualiter abiecta de niue manat aqua.
Tunc ego me primum coepi sentire nocentem;
Sanguis erant lacrimae, quas dabat illa, meus.
Ter tamen ante pedes uolui procumbere supplex;
62 Ter formidatas reppulit illa manus.
At tu ne dubita (minuet uindicta dolorem)
Protinus in uultus unguibus ire meos.
Nec nostris oculis nec nostris parce capillis:
66 Quamlibet infirmas adiuuat ira manus.
Neue mei sceleris tam tristia signa supersint,
Pone recompositas in statione comas.

As lágrimas há tanto tempo contidas correram pelo rosto,
Qual água que emana da neve caída.
Então eu, pela primeira vez, comecei a sentir-me culpado;
Eram meu sangue as lágrimas que ela vertia.
Contudo, três vezes, suplicante, quis prostrar-me a seus pés;
Três vezes ela repeliu as temidas mãos.
Mas tu não hesites (a vingança diminuirá a dor)
Em atacar logo o meu rosto com as unhas,
Não poupes meus olhos e meus cabelos;
A ira favorece as mãos por mais fracas que sejam
E, para que não restem sinais tão tristes de meus delitos,
Recompostas as madeixas, arruma-as no lugar.

VIII

Est quaedam (quicumque uolet cognoscere lenam,
2 Audiat) est quaedam nomine Dipsas anus.
Ex re nomen habet: nigri non illa parentem
Memnonis in roseis sobria uidit equis.
Illa magas artes Aeaeaque carmina nouit
6 Inque caput liquidas arte recuruat aquas;
Scit bene quid gramen, quid torto concita rhombo
Licia, quid ualeat uirus amantis equae.
Cum uoluit, toto glomerantur nubila caelo;
10 Cum uoluit, puro fulget in orbe dies.
Sanguine, siqua fides, stillantia sidera uidi;
Purpureus Lunae sanguine uultus erat.
Hanc ego nocturnas uersam uolitare per umbras
14 Suspicor et pluma corpus anile tegi.
Suspicor, et fama est; oculis quoque pupula duplex
Fulminat et gemino lumen ab orbe uenit.

VIII

Há uma certa velha (todo aquele que queira
Conhecer uma alcoviteira, ouça) de nome Dípsade.   2
Ela tira seu nome dos fatos; sóbria, ela não viu
A mãe do negro Mêmnon em seus rosados corcéis.
Ela conhece as artes mágicas e os encantamentos de Ea
E com esta arte faz retornar as águas correntes para a fonte;   6
Ela conhece bem qual erva, quais fios agitados pelo fuso sinuoso,
qual poção da égua no cio surtirá efeito.
Quando quer, as nuvens se aglomeram por todo o céu;
Quando quer, resplandece o dia no límpido orbe.   10
Vi, se crês, os astros destilando sangue;
A face da Lua ficou de sangue púrpura.
Eu mesmo suspeito que ela, transformada, voa por
Penumbras noturnas e cobre o corpo senil com penas.   14
Suspeito e há fama; também fulgura em seus olhos dupla
Pupila, e das órbitas gêmeas uma luz irradia.

---

2 Dípsade.] O nome da velha alcoviteira remete ao de uma cobra venenosa, *dipsas* (cf. Marcial III 44, 7), e também ao substantivo grego que significa "sede": ou seja, desde o princípio o poeta já nos revela, de forma sutil, que se trata de uma velha beberrona e de língua ferina.   **4** Mêmnon] Mêmnon é filho de Eos (Aurora) e de Títono, irmão de Príamo. Lutou com Aquiles na guerra de Tróia.   **5** Ea] A ilha de Ea (Cólquida) era a pátria de Circe e Medéia, duas magas consideradas sedutoras. Cf. Homero, *Odisséia* x 135; Ov., *Am.* III 7, 79; *Ars* II 101—4.   **8** qual poção da égua no cio surtirá efeito.] Ovídio alude, com a perífrase *uirus amantis equae* ao *hipomannes*, a um potente filtro amoroso, elaborado com os fluidos genitais do animal no cio, segundo a crença dos antigos. Cf. Virgílio, *Georgicas* III 280—3 e Tib. II 4 57—8. Nas *Medicamina faciei feminae*, v. 38, Ovídio diz: *nec temptate nocens virus amantis equae*; ("não experimenteis a nociva secreção da égua no cio").   **16** dupla...Pupila] Uma pupila dupla indicaria se uma pessoa, geralmente em idade avançada, seria uma bruxa ou não. Tratava-se, segundo MacDaniel (1918, p. 335—346), de uma doença semelhante à catarata: a película opaca que crescia sobre a pupila lhe tirava o brilho, um fator que indicava boa saúde para os latinos. Também impedia de ver a menina-dos-olhos do doente: para os antigos, o reflexo no centro da pupila representava a alma aprisionada no corpo. As almas das bruxas eram errantes e por isso não eram vistas através da *pupula duplex*.

74

Euocat antiquis proauos atauosque sepulcris
18 Et solidam longo carmine findit humum.
Haec sibi proposuit thalamos temerare pudicos;
Nec tamen eloquio lingua nocente caret.
Fors me sermoni testem dedit; illa monebat
22 Talia (me duplices occuluere fores):
'Scis here te, mea lux, iuueni placuisse beato?
Haesit et in uultu constitit usque tuo.
Et cur non placeas? nulli tua forma secunda est;

26 Me miseram! dignus corpore cultus abest.
Tam felix esses quam formosissima uellem:
Non ego, te facta diuite, pauper ero.
Stella tibi oppositi nocuit contraria Martis;
30 Mars abiit; signo nunc Venus apta suo.
Prosit ut adueniens, en adspice: diues amator
Te cupiit; curae, quid tibi desit, habet.
Est etiam facies, qua se tibi conparet, illi:
34 Si te non emptam uellet, emendus erat.'
Erubuit! decet alba quidem pudor ora, sed iste,
Si simules, prodest; uerus obesse solet.
Cum bene deiectis gremium spectabis ocellis,
38 Quantum quisque ferat, respiciendus erit.
Forsitan immundae Tatio regnante Sabinae

Ela evoca bisavós e tataravôs de antigos sepulcros | 75
E o solo fende sólido com um longo encantamento. 18
Ela propôs a si mesma profanar pudicas alcovas;
Entretanto, à sua língua não falta nociva eloquência.
O acaso me fez testemunha de um discurso seu; ela aconselhava
Assim (as duplas folhas de uma porta me ocultaram): 22
"Sabes que tu ontem, minha luz, agradaste a um jovem rico?
Ele parou e deteve-se continuadamente em teu rosto.
E a quem não agradarias? Tua beleza não é inferior à de nenhuma
        outra.
Pobre de mim! Falta uma educação digna ao teu corpo; 26
Gostaria que fosses tão feliz quanto formosa és:
Eu não serei pobre se te fizeres rica.
As estrelas contrárias do rival Marte te eram adversas;
Marte partiu; agora Vênus é favorável em seu sinal. 30
Vê, ei-la vindo e como te serve! Um rico amante
Te desejou: ele preocupa-se com aquilo que te falta.
Também ele possui formas que se comparam às tuas;
Se ele não quisesse comprar-te, tu mesma deverias comprá-lo." 34
Ela corou. "Certo pudor convém a um rosto alvo, mas esse,
se o simulas, é útil; o verdadeiro sói estorvar.
Quando contemplares o colo com olhos apropriadamente baixos,
Deverás olhar para cada um na medida do que te possa oferecer. 38
Talvez no reinado de Tácio as sórdidas Sabinas

---

30 agora Vênus é favorável em seu sinal.] O planeta de Marte, deus da
guerra, cede espaço ao planeta de Vênus, deusa que favorece o amor. **39** as
sórdidas Sabinas] Tácio foi rei dos Sabinos e partilhou o poder com Rômulo.
As mulheres desse povo constituem exemplo tradicional de castidade e
fidelidade (cf. Lívio I 9—13 e Ov., *Ars* I 101—34).

Noluerint habiles pluribus esse uiris;
Nunc Mars externis animos exercet in armis,
42 At Venus Aeneae regnat in urbe sui.
Ludunt formosae: casta est, quam nemo rogauit;
Aut, si rusticitas non uetat, ipsa rogat.
Has quoque, quae frontis rugas in uertice portant,
46 Excute, de rugis crimina multa cadent.
Penelope iuuenum uires temptabat in arcu;
Qui latus argueret, corneus arcus erat.
Labitur occulte fallitque uolubilis aetas,
50 Vt celer admissis labitur amnis aquis.
Aera nitent usu, uestis bona quaerit haberi,
Canescunt turpi tecta relicta situ:
Forma, nisi admittas, nullo exercente senescit;

54 Nec satis effectus unus et alter habent.
Certior e multis nec tam inuidiosa rapina est;
Plena uenit canis de grege praeda lupis.
Ecce, quid iste tuus praeter noua carmina uates
58 Donat? amatoris milia multa leges.
Ipse deus uatum palla spectabilis aurea
Tractat inauratae consona fila lyrae.
Qui dabit, ille tibi magno sit maior Homero;

Não tenham desejado estar disponíveis a muitos homens; | 77
Agora Marte fatiga os ânimos em armas estrangeiras,
Mas Vênus reina na cidade de seu Enéias. 42
As formosas divertem-se: casta é a que ninguém procurou
Ou, se a inexperiência não impede, ela mesma procura.
A estas também, que trazem rugas na alta fronte,
Examina bem; muitos crimes de suas rugas penderão. 46
Penélope, experimentava as forças de jovens ao arco;
O arco era de chifre, para comprovar seus vigores.
O tempo fugaz ocultamente desliza e escapa
Como o célere rio desliza em águas ondulantes. 50
Com o uso os bronzes luzem; a boa veste requer uso;
A construção abandonada desmorona em ignóbil deterioração;
A beleza, se não admitires ninguém, envelhece sem nenhum
        estímulo.
Um ou dois não dão um resultado satisfatório; 54
O assalto a muitos é mais seguro e não tão odioso;
Uma presa farta vem, aos lobos brancos, de um rebanho pleno.
Vê, o que esse teu vate oferece além de novos
Poemas? Conseguirás muitos milhões do amante. 58
O próprio deus dos vates, admirável pelo áureo pálio,
As ressoantes cordas de uma dourada lira maneja.
Quem presentear, seja esse a ti maior que o grande Homero;

---

42 Enéias.] Ovídio ironiza, contrastando a casta simplicidade da Roma legendária de Enéias e a luxúria da Roma de Augusto (BARSBY, p. 97).
47 Penélope,] Penélope foi esposa de Ulisses e, em sua ausência, apareceram-lhe muitos pretendentes querendo, ao desposá-la, alcançar o trono de Ítaca. Cf. Homero, *Odisséia*, I 328 e ss; XVI 409 e ss; XVIII 206 e ss. e XXI 63 e ss. **59** vates,] Apolo.

62 Crede mihi, res est ingeniosa dare.
Nec tu, siquis erit capitis mercede redemptus,
Despice; gypsati crimen inane pedis.
Nec te decipiant ueteres circum atria cerae:
66 Tolle tuos tecum, pauper amator, auos.
Qui, quia pulcher erit, poscet sine munere noctem,
Quod det amatorem flagitet ante suum.
Parcius exigito pretium, dum retia tendis,
70 Ne fugiant; captos legibus ure tuis.
Nec nocuit simulatus amor: sine credat amari
Et caue, ne gratis hic tibi constet amor.
Saepe nega noctes: capitis modo finge dolorem;
74 Et modo, quae causas praebeat, Isis erit.
Mox recipe, ut nullum patiendi colligat usum
Neue relentescat saepe repulsus amor.
Surda sit oranti tua ianua, laxa ferenti;
78 Audiat exclusi uerba receptus amans;
Et quasi laesa prior nonnumquam irascere laeso:

Vanescit culpa culpa repensa tua.
Sed numquam dederis spatiosum tempus in iram:

Crê em mim: presentear é algo engenhoso. 62 | **79**
Se alguém tiver comprado sua liberdade, não o desdenhes;
Vã é a acusação de ter o pé marcado com gesso.
Que vetustas ceras ao redor dos átrios não te iludam:
leva teus avós contigo, amante pobre. 66
Ora, por ser belo exigirá uma noite sem custos?
Antes, pergunte ao seu amante o que deve te dar!
Preço mais parco cobra enquanto estendes a rede,
Para que não fujam; capturados, abrasa-os com as tuas leis. 70
O amor simulado não faz mal; deixa que ele acredite ser amado,
E cuida que este amor não te saia de graça.
Frequentemente nega noites; ora simula uma dor de cabeça,
E ora seja Ísis que te ofereça pretextos. 74
Recebe-o logo, para que não adquira o costume de conformar-se,
Ou para que não míngue um amor muitas vezes contrariado.
Seja a tua porta surda ao que suplica, aberta ao que oferece;
Que o amante recebido ouça as palavras do excluído; 78
E, como se ofendida, ira-te primeiro, por vezes, com aquele que
                ofendeste;
A acusação dele desvanece compensada pela tua.
Mas nunca dê um longo prazo a tua ira;

---

64 acusação de ter o pé marcado com gesso.] O escravo podia comprar sua liberdade pagando ao seu senhor o dinheiro que foi investido em sua compra. Os escravos importados tinham os pés marcados por gesso. Cf. Juvenal I, 111. **66** leva teus avós contigo, amante pobre.] São as imagens de cera dos antepassados (*ueteres cerae*) que costumavam ser exibidas em procissões e nos funerais de algum membro da *gens*. Uma família tradicional poderia ter nome, mas não ter muito dinheiro para comprar presentes (SOCAS, p. 23). **74** ora seja Ísis que te ofereça pretextos.] As mulheres devotas de Ísis se resguardavam durante as festas da deusa. Era um motivo constante de protesto dos poetas elegíacos a essa castidade imposta (cf. Prop. IV 5, 59—60, 57—8, 51—2 e *Am*. II 13 e 14).

82 Saepe simultates ira morata facit.
    Quin etiam discant oculi lacrimare coacti,
    Et faciant udas illa uel ille genas;
    Nec, siquem falles, tu periurare timeto:
86 Commodat in lusus numina surda Venus.
    Seruus et ad partes sollers ancilla parentur,
    Qui doceant apte quid tibi possit emi,
    Et sibi pauca rogent: multos si pauca rogabunt,
90 Postmodo de stipula grandis aceruus erit.
    Et soror et mater, nutrix quoque carpat amantem:
    Fit cito per multas praeda petita manus.
    Cum te deficient poscendi munera causae,
94 Natalem libo testificare tuum.
    Ne securus amet nullo riuale caueto:
    Non bene, si tollas proelia, durat amor.
    Ille uiri uideat toto uestigia lecto
98 Factaque lasciuis liuida colla notis;
    Munera praecipue uideat quae miserit alter:
    Si dederit nemo, Sacra roganda Via est.
    Cum multa abstuleris, ut non tamen omnia donet,

102 Quod numquam reddas, commodet, ipsa roga.

Muitas vezes, a ira prolongada provoca desavença.

Ora, que também os olhos, coagidos, aprendam a chorar

E tornem banhadas uma e outra pálpebra;

Se ludibrias alguém, tu não temas perjurar;

Vênus, para tais jogos, consegue tornar surdos os deuses.

O escravo e a criada, espertos, estejam preparados em seus papéis,

E insinuem com decoro o que se poderia comprar para ti.

E que reclamem pouco para si; se pouco de muitos reclamarem,

Logo grande montante da ninharia resultará.

E a irmã, e a mãe, e também a nutriz despojem o amante;

A presa atacada por muitas mãos logo é vencida.

Quando te faltarem motivos para pedir presentes,

Indica com um bolo o teu aniversário.

Cuida para que ele não te ame, seguro, sem rivais;

O amor não dura muito, se retiras as contendas.

Que ele veja vestígios de outro homem por todo o leito

E o colo lívido machucado com lascivas marcas;

E, sobretudo, que ele veja os presentes que outro enviou;

Se ninguém houver dado, deves recorrer à Via Sacra.

Quando lhe tiveres tirado muito, entretanto, para que não tenha
          dado tudo,

Tu mesma pede emprestado o que não devolverás.

---

86 consegue tornar surdos os deuses.]   Tópico do juramento de amor,
diante do qual os deuses se fazem omissos. Cf. Cat. lxx. Em Ovídio, ver
Am. ii 1, 19—20; iii 3, 11; *Ars* i 634.   **94** com um bolo]   Na verdade, tratava-
se de algo semelhante a uma torta (ou pastel) votivo ofertado aos deuses
(barsby, p. 105).   **100** Via Sacra.]   A Via Sacra era uma rua movimentada
da antiga Roma, onde havia templos e inúmeros postos de comércio. Ali, a
jovem poderia comprar artigos que logo faria passar por presentes de seus
admiradores imaginários (socas, p. 24).

82 | Lingua iuuet mentemque tegat: blandire noceque;
Impia sub dulci melle uenena latent.
Haec si praestiteris usu mihi cognita longo
106 Nec tulerint uoces uentus et aura meas,
Saepe mihi dices uiuae bene, saepe rogabis
Vt mea defunctae molliter ossa cubent –'
Vox erat in cursu, cum me mea prodidit umbra;
110 At nostrae uix se continuere manus
Quin albam raramque comam lacrimosaque uino
Lumina rugosas distraherentque genas.
Di tibi dent nullosque Lares inopemque senectam,
114 Et longas hiemes perpetuamque sitim!

Que a língua te ajude e encubra a mente; acaricia e lesa; | 83
Ímpios venenos se escondem sob o doce mel.
Se cumprires estas normas que conheço de longa prática,
E se o vento e a brisa não levarem as minhas palavras, 106
Muitas vezes me bendirás em vida, muitas vezes rogarás
Para que meus ossos, na morte, repousem em paz."
Sua fala seguia o seu curso, quando minha sombra me traiu;
Minhas mãos, a custo, detiveram-se e não agarraram 110
Os cabelos brancos raros, os olhos lacrimosos
Pelo vinho e as faces rugosas.
Que os deuses te deem lar algum, uma velhice indigente,
Longos invernos e uma perpétua sede! 114

IX

Militat omnis amans, et habet sua castra Cupido;
2 Attice, crede mihi, militat omnis amans.
Quae bello est habilis, Veneri quoque conuenit aetas:
Turpe senex miles, turpe senilis amor.
Quos petiere duces animos in milite forti,
6 Hos petit in socio bella puella uiro:
Peruigilant ambo, terra requiescit uterque;
Ille fores dominae seruat, at ille ducis.

Militis officium longa est uia: mitte puellam,
10 Strenuus exempto fine sequetur amans;
Ibit in aduersos montes duplicataque nimbo
Flumina, congestas exteret ille niues,
Nec freta pressurus tumidos causabitur Euros
14 Aptaque uerrendis sidera quaeret aquis.
Quis nisi uel miles uel amans et frigora noctis
Et denso mixtas perferet imbre niues?
Mittitur infestos alter speculator in hostes,
18 In riuale oculos alter, ut hoste, tenet.
Ille graues urbes, hic durae limen amicae
Obsidet; hic portas frangit, at ille fores.
Saepe soporatos inuadere profuit hostes

IX

Todo amante milita e Cupido tem sua própria caserna;
Ático, crê em mim, todo amante milita.   2
O tempo que convém à guerra também convém à Vênus.
É indecoroso um velho soldado, é indecoroso o amor num velho.
O fôlego que um comandante requer de um bravo soldado,
Uma bela menina requer de um companheiro.   6
Ambos velam por toda a noite; um e outro repousam no chão:
Um guarda as portas de sua senhora; o outro, as de seu
            comandante;
Longa marcha é o dever do soldado: despacha a menina
E o amante diligente a seguirá sem fronteiras;   10
Ele afrontará montanhas à sua frente e rios transbordantes
Pela tempestade; ele marchará sobre neves acumuladas,
E, prestes a singrar o pélago, o túmido Euro não pretextará,
Nem astros oportunos para resvalar as águas escrutará.   14
Quem, além do soldado e do amante, o frio da noite
E a neve, unida à densa chuva, suportará?
Um, como espião, é mandado contra hostes inimigas;
O outro mantém os olhos no rival, como seu inimigo.   18
Aquele uma importante cidade, este a porta da insensível amante
Sitiará; este portas arromba, mas aquele, portões.
Muitas vezes, foi vantajoso invadir as hostes adormecidas

2 Ático,] Este Ático tem sido tradicionalmente identificado com Cúrsio
Ático (*Pônticas* II 4 e 7), cavaleiro de alta posição que acabou arruinado por
Tibério. **13** Euro] Cf. nota ao quarto poema, v. 12.

86

22 Caedere et armata uulgus inerme manu.
Sic fera Threicii ceciderunt agmina Rhesi,
Et dominum capti deseruistis equi.
Nempe maritorum somnis utuntur amantes
26 Et sua sopitis hostibus arma mouent.
Custodum transire manus uigilumque cateruas
Militis et miseri semper amantis opus.
Mars dubius, nec certa Venus: uictique resurgunt,
30 Quosque neges umquam posse iacere, cadunt.
Ergo desidiam quicumque uocabat amorem,
Desinat: ingenii est experientis Amor.
Ardet in abducta Briseide magnus Achilles
34 (Dum licet, Argeas frangite, Troes, opes);
Hector ab Andromaches complexibus ibat ad arma,
Et, galeam capiti quae daret, uxor erat;
Summa ducum, Atrides, uisa Priameide fertur
38 Maenadis effusis obstipuisse comis.
Mars quoque deprensus fabrilia uincula sensit:

E abater o inerme vulgo à mão armada;   22 | **87**
Assim, as ferozes tropas do trácio Reso tombaram
E vós, capturados cavalos, desertastes vosso senhor.
Certamente, os amantes se utilizam do sono dos maridos
E, adormecidos os inimigos, levantam as próprias armas.   26
Transpor a caterva de guardas e a tropa de vigilantes
Sempre é empresa do soldado e do infeliz amante.
Marte é dúbio e Vênus, incerta; os vencidos se reerguem,
E os que negarias que pudessem um dia estar por terra, caem.   30
Por isso, aquele que chamava o amor de indolência
Se cale; o amor é próprio de um engenho empreendedor.
O aflito Aquiles pela raptada Briseida ardia;
(Enquanto for possível, troianos, desbaratem as forças argivas);   34
Heitor ia dos abraços de Andrômaca às armas,
Aquela que oferecera um elmo a sua cabeça era a sua esposa.
O maior dos comandantes, o Atrida, ao ver a Priameide,
Dizem que pelas efusas madeixas de Mênade foi tocado.   38
Marte também foi surpreendido e sentiu os grilhões do ferro
          forjado;

23 trácio Reso] Diomedes e Ulisses, numa campanha noturna, causaram grande dano às hostes de Reso, de quem arrebataram os famosos cavalos. Cf. Homero, *Ilíada* x 435—536. **33** Aquiles] Um dos personagens principais da Guerra de Tróia. Filho de uma deusa, Tétis, e de um mortal, Peleu, possuía ânimo belicoso. Briseida, filha de Briseu, foi levada como prisioneira pelo herói, que por ela criou grande afeição. Agamêmnon, sendo obrigado a devolver sua presa, Criseida, a Apolo, tomou a jovem de Aquiles. Enfurecido pelo desrespeito, o herói ausentou-se por muito tempo da batalha entre gregos e troianos, o que proporcionou grande vantagem a estes. **35** Andrômaca] Heitor foi um dos grandes guerreiros do lado troiano. Era filho de Príamo e irmão de Páris, raptor da bela Helena. Sua esposa se chamava Andrômaca e a cena que Ovídio cita se encontra na *Ilíada* vi, 405 e ss. **37** Atrida,] Trata-se de Agamêmnon e Cassandra, que foi sua presa de guerra. **38** Mênade] As Mênades são seguidoras de Dioniso (as divinas bacantes). Personificam espíritos orgiásticos da natureza. Trazem cabelos em desalinho, tal qual apresentava, na ocasião, Cassandra.

88   Notior in caelo fabula nulla fuit.
Ipse ego segnis eram discinctaque in otia natus;
42   Mollierant animos lectus et umbra meos;
Impulit ignauum formosae cura puellae,
Iussit et in castris aera merere suis.
Inde uides agilem nocturnaque bella gerentem:
46   Qui nolet fieri desidiosus, amet.

Nenhuma história foi mais conhecida por todo o céu.

Eu mesmo era preguiçoso, nascido para negligentes ócios;

A sombra e o leito abrandaram meus ânimos. 42

O desvelo imposto por uma formosa menina a mim, ocioso,

Ordenou-me que se alistasse em sua milícia.

Por isso me vês ágil e combatente numa guerra noturna.

Quem não quiser tornar-se desidioso, ame! 46

---

40 céu.] Vênus era esposa de Vulcano, o "ferreiro" do Olimpo (cf. nota ao v. 24 do poema ii), mas mantinha amores secretos com Marte.

X

Qualis ab Eurota Phrygiis auecta carinis
2 Coniugibus belli causa duobus erat,
Qualis erat Lede, quam plumis abditus albis
Callidus in falsa lusit adulter aue,
Qualis Amymone siccis errauit in Argis,
6 Cum premeret summi uerticis urna comas,
Talis eras: aquilamque in te taurumque timebam
Et quicquid magno de Ioue fecit Amor.
Nunc timor omnis abest animique resanuit error,
10 Nec facies oculos iam capit ista meos.
Cur sim mutatus, quaeris? quia munera poscis:
Haec te non patitur causa placere mihi.
Donec eras simplex, animum cum corpore amaui;
14 Nunc mentis uitio laesa figura tua est.
Et puer est et nudus Amor, sine sordibus annos
Et nullas uestes, ut sit apertus, habet.
Quid puerum Veneris pretio prostare iubetis?

18 Quo pretium condat, non habet ille sinum.

X

Qual a que em naves frígias do Eurota levada
Motivo de guerra entre dois cônjuges era,   2
Qual Leda, a quem o astuto adúltero logrou
Oculto em alvas plumas de falsa ave,
Qual Amimone, que errou pela árida Argos,
Enquanto uma urna oprimia as melenas no alto da cabeça, 6
Assim eras; temia, por ti, o touro e a águia
E tudo o que o amor fez do magnânimo Jove.
Agora todo temor se foi e a ilusão da alma apartou-se
E esse rosto meus olhos já não cativa mais.   10
Por que mudei, perguntas? Porque pedes regalos;
Este motivo não permite que tu me agrades.
Enquanto eras simples eu amava uma alma em um corpo;
Agora, tuas formas estão arruinadas por faltas da tua mente. 14
O Amor é um menino e está nu: anos sem malícias
E veste alguma, para que seja franco, tem.
Por que determinas que o menino de Vênus se ofereça por
      dinheiro?
Ele não tem bolsinhos para guardá-lo.   18

1-2 Qual a que... dois cônjuges era,]   Trata-se de Helena, esposa de Me-
nelau e amante de Páris, cujo rapto constitui um dos motivos da Guerra de
Tróia.   **1** Eurota]   Eurotas é um rio da Lacônia e o adjetivo frígio se refere
aos troianos.   **3** a quem o astuto adúltero logrou]   Cf. nota ao verso 21
do poema 3 deste livro.   **5** Amimone,]   Amimone é uma das cinquenta
filhas do rei Dânao e sua mãe era Europa. Em Argos, que sofria grande seca,
ela saiu com suas irmãs à procura de água. Cansada, adormeceu e quase foi
estuprada por um jovem sátiro. Poseidon a salvou e, apaixonado, revelou-
lhe uma fonte.   **7-8** Assim eras... magnânimo Jove.]   Como vimos no
poema 3 (vv. 22 e ss.), Júpiter se metamorfoseava para consumir sua volúpia:
transformou-se em cisne com Leda, em águia com Ganimedes, em touro
com Europa e em chuva de ouro com Dánae.

Nec Venus apta feris Veneris nec filius armis:
Non decet inbelles aera merere deos.
Stat meretrix certo cuiuis mercabilis aere
22 Et miseras iusso corpore quaerit opes;
Deuouet imperium tamen haec lenonis auari
Et, quod uos facitis sponte, coacta facit.
Sumite in exemplum pecudes ratione carentes:
26 Turpe erit, ingenium mitius esse feris.
Non equa munus equum, non taurum uacca poposcit,
Non aries placitam munere captat ouem.
Sola uiro mulier spoliis exultat ademptis,

30 Sola locat noctes, sola licenda uenit
Et uendit quod utrumque iuuat quod uterque petebat,
Et pretium, quanti gaudeat ipsa, facit.
Quae Venus ex aequo uentura est grata duobus,
34 Altera cur illam uendit et alter emit?
Cur mihi sit damno, tibi sit lucrosa uoluptas,
Quam socio motu femina uirque ferunt?
Non bene conducti uendunt periuria testes
38 Non bene selecti iudicis arca patet.
Turpe reos empta miseros defendere lingua,
Quod faciat magni, turpe tribunal, opes;

Nem Vênus nem o filho de Vênus estão aptos a armas ferozes; | 93
Não convém aos imbeles deuses serem soldados.
De pé está a meretriz, por qualquer um comprável a preço certo,
Pois requer míseras recompensas através de um corpo submisso; 22
Entretanto, ela se entrega à autoridade do avaro rufião,
E o que fazeis espontaneamente, ela faz coagida.
Tomai como exemplo os animais carentes de razão:
É uma vergonha que as feras tenham índole mais branda. 26
A égua ao cavalo e a vaca ao touro regalos não pedem,
O carneiro não conquista com regalos a ovelha que lhe agrada.
Somente a mulher tripudia sobre o homem com espólios
        extorquidos;
Somente ela aluga noites; somente ela chega a ser alugada 30
E vende o que a ambos deleita, o que cada um buscava,
E cobra o preço a seu próprio bel-prazer.
Se Vênus será igualmente grata a ambos,
Por que uma a vende e outro a compra? 34
Por que para mim há prejuízos e para ti há lucros na volúpia
Que homem e mulher obtêm em empenho conjunto?
Não é bom que testemunhas compradas vendam perjúrios,
Não é bom que o cofre do juiz eleito esteja aberto. 38
É torpe defender réus miseráveis com língua vendida;
É torpe o tribunal que angaria grandes riquezas;

39 réus miseráveis com língua vendida;] A *lex Cincia*, de M. Cíncio Alimento, no ano de 204 a.C., dizia: *ne quis ob causam orandam pecuniam donumueque acciperet* ("que ninguém aceite pela causa do suplicante dinheiro ou presentes"). Resgatada por Augusto, parece não ter tido muito êxito (socas, p. 29 n. 11).

Turpe tori reditu census augere paternos
42 Et faciem lucro prostituisse suam.
    Gratia pro rebus merito debetur inemptis;
    Pro male conducto gratia nulla toro.
    Omnia conductor soluit; mercede soluta;
46 Non manet officio debitor ille tuo.
    Parcite, formosae, pretium pro nocte pacisci:
    Non habet euentus sordida praeda bonos.
    Non fuit armillas tanti pepigisse Sabinas
50 Vt premerent sacrae uirginis arma caput;
    E quibus exierat, traiecit uiscera ferro
    Filius, et poenae causa monile fuit.
    Nec tamen indignum est a diuite praemia posci:
54 Munera poscenti quod dare possit, habet;
    Carpite de plenis pendentes uitibus uuas,
    Praebeat Alcinoi poma benignus ager.
    Officium pauper numeret studiumque fidemque;
58 Quod quis habet, dominae conferat omne suae.
    Est quoque carminibus meritas celebrare puellas
    Dos mea: quam uolui, nota fit arte mea.

É torpe aumentar as posses paternas com rendas do leito. | 95
E pelo lucro prostituir sua própria face. 42
Gratidão se deve, merecidamente, pelo que é gratuito;
Gratidão alguma se deve por um leito vergonhosamente alugado.
O locatário tudo paga, através do preço combinado:
Ele nada mais deve por teus favores. 46
Cessai, formosas, de negociar preços pela noite;
Uma presa sórdida bons resultados não rende.
Não houve valia em ter negociado os braceletes sabinos
Para que armas oprimissem a cabeça da sacra virgem; 50
As entranhas de onde saíra, o filho trespassou
Com o ferro, e a causa dessa pena fora um colar.
Entretanto não é indigno pedir favores ao rico;
Ele tem regalos que possa dar àquele que pede; 54
Colhei as uvas pendentes da videira plena
Que o generoso pomar de Alcínoo ofereça frutos.
O pobre paga com favor, empenho e lealdade.
O que cada um tem, a sua senhora entregue. 58
Também é meu dom celebrar dignas meninas
Em versos! A que eu quiser, torna-se famosa com minha arte.

50 sacra virgem;] A vestal Tarpéia entregou Roma ao rei sabino Tácio nos tempos de Rômulo. Pediu como recompensa o que os sabinos levavam em seus braços. Na verdade, ela estava interessada nos ricos braceletes que portavam, mas eles a recompensaram sufocando-a com os escudos que traziam nas mãos (Cf. Liv. I 11, 6—9). **52** colar.] Erífile de Argos, subornada com um colar dado por Polinices, persuadiu seu marido Anfiarau a se unir na expedição contra Tebas, onde esperava que ele pudesse morrer com certeza. Alcméon vingou seu pai, matando sua própria mãe. Cf. Prop. II 16, 29; III 13, 57. **56** Alcínoo] Rei da ilha dos Feácios, hospedou Ulisses em sua jornada de volta para casa. O rei e sua família (Nausicaa era sua filha) eram muito ricos e hospitaleiros. Em seu palácio havia um pomar que dava toda espécie de frutos o ano inteiro. Cf. Hom., *Od.* VII 112—132.

96 | Scindentur uestes, gemmae frangentur et aurum;
62 Carmina quam tribuent, fama perennis erit.
Nec dare, sed pretium posci dedignor et odi;
Quod nego poscenti, desine uelle, dabo.

Vestes se rasgarão, espedaçar-se-ão gemas e ouros;
A fama que meus versos atribuirão será perene.
Não é dar, mas exigirem-me pagamento é o que desprezo e odeio;
O que eu nego a um suplicante, se deixa de desejar, eu darei.

XI

Colligere incertos et in ordine ponere crines
2 Docta neque ancillas inter habenda Nape
Inque ministeriis furtiuae cognita noctis
Vtilis et dandis ingeniosa notis,
Saepe uenire ad me dubitantem hortata Corinnam,
6 Saepe laboranti fida reperta mihi,
Accipe et ad dominam peraratas mane tabellas
Perfer et obstantes sedula pelle moras.
Nec silicum uenae nec durum in pectore ferrum
10 Nec tibi simplicitas ordine maior adest;
Credibile est et te sensisse Cupidinis arcus:
In me militiae signa tuere tuae.
Si quaeret quid agam, spe noctis uiuere dices;

14 Cetera fert blanda cera notata manu.
Dum loquor, hora fugit: uacuae bene redde tabellas,

Verum continuo fac tamen illa legat.
Aspicias oculos mando frontemque legentis:
18 Et tacito uultu scire futura licet.
Nec mora, perlectis rescribat multa iubeto:
Odi, cum late splendida cera uacat.

XI

Hábil em reunir e ordenar as incertas madeixas
Tu, Napa, não devias estar entre as criadas;
És útil nos ofícios da noite furtiva
E engenhosa ao repassar recados.
Muitas vezes, exortavas Corina, hesitante, a vir até mim,
Muitas vezes, demonstraste lealdade em meus apuros;
Aceita e leva pela manhã as tabuinhas gravadas à senhora
E, solícita, remove obstáculos e dilações.
Nem veias de pedra, nem rijo ferro no peito,
Nem inexperiência maior que as de tua classe tens.
É provável que tu também já sentiste o arco de Cupido;
Protege os estandartes de tua milícia em meu favor.
Se ela perguntar como tenho passado, diz que vivo na esperança da
        noite;
A cera marcada por mão gentil dirá o restante.
Enquanto falo, a hora foge; entrega as tabuinhas quando ela estiver
        desocupada;
Entretanto, faz com que ela as leia todas de uma vez.
Encarrego-te de observar os olhos e a fronte da leitora;
Do tácito rosto é possível conhecer o futuro.
Sem demora, pede longa réplica do que foi lido;
Odeio quando a lustrosa cera se mostra muito vazia.

---

7 tabuinhas] Os bilhetes de amor eram enviados em tabuinhas de cera, gravadas por um estilete. Cf. Tib. II 6, 45—6; Prop. III 23, 1; *Am.* II 5, 5; 15, 15; 19, 41; III 14, 31.

100 | Conprimat ordinibus uersus, oculosque moretur
22 Margine in extremo littera †rasa† meos.
Quid digitos opus est graphio lassare tenendo?
Hoc habeat scriptum tota tabella 'ueni.'
Non ego uictrices lauro redimire tabellas

26 Nec Veneris media ponere in aede morer.
Subscribam VENERI FIDAS SIBI NASO MINISTRAS
DEDICAT. AT NVPER VILE FVISTIS ACER.

Que ela esprema linhas contínuas e que as letras gravadas

Nos cantos das margens prendam meus olhos.

Para que fatigar os dedos que o estilete sustém?

Que as tabuinhas todas contenham uma só palavra: "vem!"

Que eu mesmo não hesite em coroar com louros as invictas
            tabuinhas

E em oferecê-las no centro do templo de Vênus;

Subscreverei: "Nasão dedica a Vênus as ajudantes a ele leais,

Que, há pouco, eram desprezíveis lenhos."

27 Subscreverei:] Trata-se de uma oferta de agradecimento à deusa do amor. Cf. Prop. II 14, 25—8.

XII

Flete Meos casus: tristes rediere tabellae;
2 Infelix hodie littera posse negat.
Omina sunt aliquid: modo cum discedere uellet,
Ad limen digitos restitit icta Nape.
Missa foras iterum limen transire memento

6 Cautius atque alte sobria ferre pedem.
Ite hinc, difficiles, funebria ligna, tabellae,
Tuque, negaturis cera referta notis,
Quam, puto, de longae collectam flore cicutae
10 Melle sub infami Corsica misit apis.
At tamquam minio penitus medicata rubebas:
Ille color uere sanguinolentus erat.
Proiectae triuiis iaceatis, inutile lignum,
14 Vosque rotae frangat praetereuntis onus.
Illum etiam, qui uos ex arbore uertit in usum,
Conuincam puras non habuisse manus.
Praebuit illa arbor misero suspendia collo,

18 Carnifici diras praebuit illa cruces;
Illa dedit turpes raucis bubonibus umbras,
Vulturis in ramis et strigis oua tulit.
His ego commisi nostros insanus amores

XII

103

Chorai minhas desgraças: as tabuinhas voltaram tristes,
As infelizes letras dizem que hoje não haverá possibilidades.   2
Presságios são importantes; há pouco, quando quis retirar-se
Napa, ébria, bateu com os dedos no limiar da porta.
Outra vez que fores despachada para fora, lembra-te de atravessar
            o umbral
Com mais cuidado e, sóbria, levanta mais os pés.   6
Fora daqui, severas tabuinhas, funestos lenhos,
E tu, cera repleta de sinais de recusa,
A qual, acredito, uma abelha córsica coletou de uma flor
De longa cicuta, e enviou sob um mel infame.   10
Como se toda coberta de mínio, te enrubecias;
Aquela cor verdadeiramente era sanguinolenta.
Largadas nas encruzilhadas, jazei, lenhos inúteis,
E que o peso de uma roda deslizante vos frature.   14
E também aquele que da árvore em instrumento vos verteu:
Provarei que ele não teve mãos inocentes.
Aquela árvore ofereceu a um infeliz pescoço um meio de se
            enforcar;
Ela proporcionou malditas cruzes ao algoz;   18
Ela deu sombras infames à rouca coruja
E, em seus galhos, abrigou crias de morcegos e abutres.
A esses, eu, insano, confiei meus amores

---

4 bateu com os dedos] Sinal de mau agouro: cf. Cícero, *De divinatione* II
40, 84; Ov., *Met.* X 452. **9** uma abelha córsica] O mel da Córsega não
tinha uma boa reputação na Antiguidade (era *infamis* também segundo
Virg., *Bucólicas* IX 30). **20** crias de morcegos e abutres.] Em Roma, essas
aves eram consideradas agourentas: eram muito temidas por seus grasnidos
(cf. Plínio, *Historia Naturalis* XI 39, 232). Pela crença popular romana, esses
animais também atacavam crianças pequenas em seus berços. Cf. *Fast.* VI
131—40.

104 | 22 Molliaque ad dominam uerba ferenda dedi?
Aptius hae capiant uadimonia garrula cerae,
Quas aliquis duro cognitor ore legat;
Inter ephemeridas melius tabulasque iacerent,
26 In quibus absumptas fleret auarus opes.
Ergo ego uos rebus duplices pro nomine sensi:
Auspicii numerus non erat ipse boni.
Quid precer iratus, nisi uos cariosa senectus
30 Rodat, et inmundo cera sit alba situ?

E entreguei doces palavras dedicadas à minha senhora! 22
É melhor que essas ceras carreguem sentenças pomposas
E que algum juiz as leia com rígido cenho;
É melhor que jazam entre tábuas de contabilidade,
Sobre as quais chore o avaro os recursos perdidos. 26
Eu, pelo vosso nome, naquela situação percebi vossa duplicidade:
O próprio número não era de bom auspício.
O que eu, irado, rogarei, a não ser que a carcomida velhice
Vos roa e que a alva cera em imundo sítio repouse? 30

XIII

Iam super oceanum uenit a seniore marito
2 Flaua pruinoso quae uehit axe diem.
  Quo properas, Aurora? mane: sic Memnonis umbris

  Annua sollemni caede parentet auis.
  Nunc iuuat in teneris dominae iacuisse lacertis;

6 Si quando, lateri nunc bene iuncta meo est.
  Nunc etiam somni pingues et frigidus aer,
  Et liquidum tenui gutture cantat auis.
  Quo properas, ingrata uiris, ingrata puellis?
10 Roscida purpurea supprime lora manu.
  Ante tuos ortus melius sua sidera seruat
  Nauita nec media nescius errat aqua;
  Te surgit quamuis lassus ueniente uiator
14 Et miles saeuas aptat ad arma manus.
  Prima bidente uides oneratos arua colentes,

  Prima uocas tardos sub iuga panda boues.
  Tu pueros somno fraudas tradisque magistris,
18 Vt subeant tenerae uerbera saeua manus,
  Atque eadem sponsum †cultus† ante atria mittis,
  Vnius ut uerbi grandia damna ferant.
  Nec tu consulto, nec tu iucunda diserto:

XIII

Já sobre o oceano vem, afastando-se do marido senil
A loura que em carro glacial conduz o dia.

Para onde te precipitas, Aurora? Detém-te! Assim, às sombras de
Mêmnon
Anualmente as aves o honrem em sacrifício solene.
Agora apraz-me ter deitado nos delicados braços de minha
senhora;
Mesmo por pouco, agora a tenho bem junto ao meu flanco.

Agora também o sono é pesado e a brisa, fresca,
E as aves, com delicadas fauces, cantam em harmonia.
Para onde te precipitas, ingrata aos homens, ingrata às meninas?
Retém as orvalhadas rédeas com tua mão rosada.

Antes do teu despontar o nauta, não descuidado, guarda
Melhor suas estrelas e não erra em meio às águas.
Quando surges, o viajante se levanta, por mais cansado que esteja,
E o soldado acomoda sua seva mão em armas.

És a primeira a ver sobrecarregados lavradores com enxadas no
campo;
És a primeira a chamar os tardos bois sob os recurvos jugos.
Tu privas os meninos do sono e aos mestres os entregas
Para que suas delicadas mãos sofram por cruel palmatória,

Tu mesma impeles os instruídos a prometerem ante os átrios
Para que sofram grandes danos por uma só palavra;
Nem ao jurista nem ao advogado tu és agradável;

---

1 marido senil] Aurora conseguiu obter dos deuses a imortalidade para seu marido, Títono, porém esqueceu-se de pedir juventude perpétua. **3** Mêmnon] Cf. nota ao verso 4 do poema 8 deste livro e *Met.* XIII 576— 622. **19** átrios] *Atria* se refere ao átrio do templo das Vestais situado no fórum, próximo ao tribunal do *praetor*, local considerado como o centro da vida legal de Roma. Cf. Horácio, *Satirae* I 9, 35.

108 | 22 Cogitur ad lites surgere uterque nouas.
Tu, cum feminei possint cessare labores,
Lanificam reuocas ad sua pensa manum.
Omnia perpeterer; sed surgere mane puellas
26 Quis, nisi cui non est ulla puella, ferat?
Optaui quotiens, ne nox tibi cedere uellet,
Ne fugerent uultus sidera mota tuos!
Optaui quotiens, aut uentus frangeret axem
30 Aut caderet spissa nube retentus equus!
Inuida, quo properas? quod erat tibi filius ater,
Materni fuerat pectoris ille color.
[35] Tithono uellem de te narrare liceret:
Fabula non caelo turpior ulla foret.
Illum dum refugis, longo quia grandior aeuo,
38 Surgis ad inuisas a sene mane rotas;
At si quem mauis, Cephalum conplexa teneres,
Clamares 'lente currite, noctis equi.'
Cur ego plectar amans, si uir tibi marcet ab annis?

42 Num me nupsisti conciliante seni?
Aspice quot somnos iuueni donarit amato
Luna, neque illius forma secunda tuae.

Um e outro são obrigados a se levantar para novos pleitos. 22

Tu, quando os braços femininos poderiam cessar, de novo

Convocas as mãos que fiam lã às suas rocadas.

Tudo isso suportaria; mas que meninas se levantem pela manhã,

Quem, exceto aquele que não tem menina alguma, suportaria? 26

Quantas vezes desejei que a Noite não consentisse em ceder-te,

Que os astros moventes não fugissem da tua face!

Quantas vezes desejei ou que o vento despedaçasse o teu carro

Ou que teus cavalos, detidos por espessa nuvem, tombassem! 30

Invejosa, para onde te precipitas? Pois, se um filho negro tinhas,

Essa devia ser a cor do peito materno.

Gostaria que Títono pudesse discorrer sobre ti; [35]

Não haveria no céu mulher alguma mais torpe.

Enquanto dele foges, pois é mais avançado em anos,

Despontas ao amanhecer, longe do velho, sobre odiosas rodas; 38

Mas se Céfalo, a quem preferes, tivesses entre abraços,

Gritarias: "correi lentamente, cavalos da noite."

Por que eu, amante, deveria sofrer por teu homem que se consome
em anos?

Acaso casaste com o velho através de minha mediação? 42

Vê quantos sonos a Lua concedeu ao jovem amado,

E a beleza dela não é secundária à tua.

---

22 novos pleitos.] Ovídio recorre a termos próprios do vocabulário jurídico (o que não é usual em poesia amorosa): *sponsum* supõe fechar um contrato ou assumir um compromisso através de um "sim" (daí a expressão por uma só palavra — *unius uerbi*); *consultus* é o experto em leis e *disertus* o advogado ou orador que pode intervir nos pleitos que possam surgir nesse dia, *lites nouas*. (BARSBY, p. 145) **35-36** Gostaria... mais torpe.] Kenney considera o dístico 33—4 como espúrio e não o inclui em sua edição: ["E se nunca tivesse sido abrasada pelo amor de Cefálo?/ Ou ela julga ser desconhecido o seu caso?"]. **35** Títono] Aurora raptou Títono de Tróia, e levou-o para a Etiópia. Teve com ele dois filhos, Emátion e Mêmnon. Fez com que seu marido se tornasse imortal, porém caquético. **39** Céfalo,] Aurora, apaixonada, teria raptado o jovem e belo Céfalo, gerando Faetonte dessa relação. Cf. Ov., *Met.* VII 661 e s. **43** jovem amado,] Trata-se de Endimião, pastor da Cária, que adormeceu para sempre numa caverna do monte Latmos, onde poderia ser continuamente visitado pela Lua.

110 | Ipse deum genitor, ne te tam saepe uideret,
46 Commisit noctes in sua uota duas.
Iurgia finieram. scires audisse: rubebat,
Nec tamen assueto tardius orta dies.

O próprio genitor dos deuses, para não ver-te muitas vezes,
Uniu duas noites em favor dos seus desejos. 46
Terminei as censuras; acreditarias que ela ouviu: enrubesceu;
Entretanto, o dia não despontou mais tarde que o usual.

46 duas noites em favor dos seus desejos.]   Para obter uma longa noite
de amor com Alcmena, Júpiter transformou-se em Anfitrião (o marido de
Alcmena) e uniu duas noites em uma: desse encontro nasceu Hércules.

XIV

Dicebam 'medicare tuos desiste capillos';
2 Tingere quam possis, iam tibi nulla coma est.
At si passa fores, quid erat spatiosius illis?
Contigerant imum qua patet usque latus.
Quid, quod erant tenues, et quos ornare timeres,
6 Vela colorati qualia Seres habent,
Vel pede quod gracili deducit aranea filum,
Cum leue deserta sub trabe nectit opus?
Nec tamen ater erat nec erat tamen aureus ille
10 Sed, quamuis neuter, mixtus uterque color,

Qualem cliuosae madidis in uallibus Idae
Ardua derepto cortice cedrus habet.
Adde, quod et dociles et centum flexibus apti
14 Et tibi nullius causa doloris erant.
Non acus abrupit, non uallum pectinis illos;
Ornatrix tuto corpore semper erat;
Ante meos saepe est oculos ornata nec umquam
18 Bracchia derepta saucia fecit acu.
Saepe etiam nondum digestis mane capillis

Purpureo iacuit semisupina toro;
Tum quoque erat neclecta decens, ut Threcia Bacche,

22 Cum temere in uiridi gramine lassa iacet.

XIV

Eu dizia "deixa de tingir teus cabelos."
Agora nenhuma melena que possas tingir tens.   2
Mas se as tivesses puras, o que seria mais abundante que elas?
Elas tocavam, soltas, até o extremo das ancas.
Além do mais, elas eram finas e temias orná-las,
Tais como os véus que trazem os coloridos chineses,   6
Ou como o fio que a aranha maneja com delgadas patas,
Quando urde a delicada teia sob viga deserta.
Entretanto, elas não eram nem negras nem douradas;
A cor, embora não fosse nem uma nem outra, era a mescla das   10
        duas,
Qual aquela que pelos úmidos vales do montanhoso Ida
O alto cedro talhado no córtex tem.
Além disso, elas eram dóceis e aptas a muitos penteados
E não eram motivo de nenhuma aflição a ti.   14
Não as arrancou o grampo e os dentes de um pente;
A escrava tomava cuidado com teu corpo;
Muitas vezes ela foi penteada ante meus olhos e vez alguma
Ao retirar um grampo, machucou-lhe os braços.   18
Também muitas vezes, pela manhã, com os cabelos ainda não
        compostos,
Ela repousou, reclinada, em leito púrpura;
Então, ainda assim, desalinhada, era graciosa como uma bacante
        trácia,
Quando, relaxada, sobre a verde grama repousava a ofegar.   22

---

11 Ida]   Monte da Frígia.   **17** Muitas vezes ela foi penteada ante meus
olhos]   Ovídio alude aos maus tratos sofridos pela criada. Carcopino (1990,
p. 204) diz que essas cabeleireiras costumavam ser agredidas pelas romanas
quando o resultado obtido não era satisfatório.

114 | Cum graciles essent tamen et lanuginis instar,
Heu, male uexatae quanta tulere comae!
Quam se praebuerunt ferro patienter et igni,
26 Vt fieret torto nexilis orbe sinus!
Clamabam 'scelus est istos, scelus urere crines.
Sponte decent: capiti, ferrea, parce tuo.
Vim procul hinc remoue: non est, qui debeat uri;

30 Erudit admotas ipse capillus acus.'
Formosae periere comae, quas uellet Apollo,
Quas uellet capiti Bacchus inesse suo;
Illis contulerim, quas quondam nuda Dione
34 Pingitur umenti sustinuisse manu.
Quid male dispositos quereris periisse capillos?
Quid speculum maesta ponis, inepta, manu?
Non bene consuetis a te spectaris ocellis:
38 Vt placeas, debes inmemor esse tui.
Non te cantatae laeserunt paelicis herbae,
Non anus Haemonia perfida lauit aqua,
Nec tibi uis morbi nocuit (procul omen abesto),

42 Nec minuit densas inuida lingua comas.
Facta manu culpaque tua dispendia sentis;

Embora fossem finos e semelhantes a uma penugem, | 115
Ai! o quanto as melenas injustamente padeceram!
Como se entregaram pacientemente ao ferro e ao fogo
Para que se formassem cachos enlaçados a sinuosas espirais!   26
Eu bradava: "é um crime, é um crime queimar essas melenas;
Estão bem, ao natural; poupa, cruel, a tua cabeça.
Leva essa agressão para longe daqui! Não são tais que devam ser
          queimadas;
O próprio cabelo amestra os grampos admitidos."   30
Pereceram formosas melenas, as quais desejaria Apolo,
As quais desejaria Baco ter em sua cabeça;
Eu as compararia com aquelas que, outrora, a nua Dione
Sustentou com mão orvalhada, conforme a pintam.   34
Por que te queixas de ter perdido cabelos mal dispostos?
Por que, sem jeito, depões o espelho com mão tristonha?
Não te contemplas assaz com os olhos de costume;
Para que te agrades, deves se esquecer de ti.   38
Não te lesaram as ervas encantadas de uma rival,
Uma pérfida velha não te banhou em água emônia;
A força de uma doença não te trouxe danos (aparta-te, mau
          agouro!)
Uma língua invejosa não menosprezou tuas densas melenas.   42
Percebes que o dano é feito e culpa de tuas mãos;

---

26 sinuosas espirais!]   Eram ferros espiralados, os quais, aquecidos, rece-
biam mechas de cabelos ainda úmidos para moldá-los em cachos. Carcopino
(p. 195) fala-nos de um aparelho chamado *calamistrum*, uma vara de ferro
que, aquecida, era usada pelo *tonsor* para frisar e fazer cachos nos cabelos.
33 nua Dione]   Possível alusão a Vênus "saindo do banho" (*anadyomene*).
A cena está presente numa obra de Apeles (c. IV a. C.). Cf. Plinio, *Histo-
ria Naturalis* XXXV 91: *Venerem exeuntem e mari diuus Augustus dicauit
in delubro patris Caesaris, quae Anadyomene uocatur.* ("O divo Augusto
consagrou no templo do pai César a Vênus saindo do mar, que se chamava
anadyomene").   **40** água emônia;]   É o termo poético para designar a
Tessália, tradicional terra de bruxas. Cf. Hom., *Od.* I 27, 21—22; Prop. III 24,
10 e *Am.* III 7, 27.

116 | Ipsa dabas capiti mixta uenena tuo.
Nunc tibi captiuos mittet Germania crines;
46 Tuta triumphatae munere gentis eris.
O quam saepe comas aliquo mirante rubebis

Et dices 'empta nunc ego merce probor.
Nescio quam pro me laudat nunc iste Sygambram;
50 Fama tamen memini cum fuit ista mea.'
Me miserum! lacrimas male continet oraque dextra
Protegit ingenuas picta rubore genas;
Sustinet antiquos gremio spectatque capillos,
54 Ei mihi, non illo munera digna loco.
Collige cum uultu mentem: reparabile damnum est;
Postmodo natiua conspiciere coma.

Tu mesma aplicavas a venenosa mistura em tua cabeça.

Agora a Germânia te enviará madeixas cativas;

Segura estarás graças às dádivas de um povo conquistado. 46

Ah! quantas vezes, enquanto alguém admira tuas melenas,
        enrubescerás

E dirás: "agora sou apreciada graças a uma mercadoria comprada;

Desconheço que sicambra esse homem agora elogia em meu lugar;

Contudo, recordo-me de quando essa fama era minha." 50

Pobre de mim! Mal contém as lágrimas e com a destra

Encobre o rosto, enquanto o rubor colore sua face recatada;

Ela sustém antigos cabelos no regaço e os contempla,

Ai de mim! Não são dádivas dignas desse lugar. 54

Recompõe tua mente e teu semblante! Esse dano é reparável:

Logo te verás com as genuínas melenas.

---

45 a Germânia te enviará madeixas cativas;] Ovídio se refere a um costume germano de entregar o cabelo como sinal de submissão. Assim, as mulheres romanas (geralmente, as cortesãs) podiam empregá-lo em suas perucas. Por outro lado, no v. 45 poderia tratar-se de uma homenagem à submissão dos sicambros (povo germano que habitava às margens do Reno) a Augusto. (LEVY, 1968, vol. 2, pp. 135—42)

XV

Quid mihi, Liuor edax, ignauos obicis annos
2 Ingeniique uocas carmen inertis opus,
Non me more patrum, dum strenua sustinet aetas,
Praemia militiae puluerulenta sequi
Nec me uerbosas leges ediscere nec me
6 Ingrato uocem prostituisse foro?
Mortale est, quod quaeris, opus; mihi fama perennis
Quaeritur, in toto semper ut orbe canar.
Viuet Maeonides, Tenedos dum stabit et Ide,
10 Dum rapidas Simois in mare uoluet aquas;
Viuet et Ascraeus, dum mustis uua tumebit,
Dum cadet incurua falce resecta Ceres.
Battiades semper toto cantabitur orbe:
14 Quamuis ingenio non ualet, arte ualet.
Nulla Sophocleo ueniet iactura cothurno;
Cum sole et luna semper Aratus erit.
Dum fallax seruus, durus pater, improba lena
18 Viuent et meretrix blanda, Menandros erit.

XV

Por que, Inveja voraz, condenas-me por anos ociosos
E denominas poesia empresa de engenho inativo;   2
Condenas-me por não perseguir os fatigosos prêmios da milícia,
Conforme meus antepassados, enquanto a idade ativa me sustém
E por não decorar prosaicas leis e por não ter
Prostituído minha voz em ingrato fórum?   6
Mortal é a empresa que buscas; para mim busco fama
Perene; que eu seja cantado sempre em todo o orbe.
O Meônides viverá enquanto Tênedos e Ida estiverem de pé,
Enquanto o Simoente rolar suas céleres águas rumo ao pélago.   10
E viverá o Ascreu, enquanto a uva intumescer-se com o mosto,
Enquanto a desbastada Ceres por arqueada foice cair;
O Batíada será sempre cantado por todo o orbe,
Ainda que ele não tenha vigor em engenho, tem em arte;   14
Nenhum dano sobrevirá ao coturno de Sófocles.
Arato sempre estará junto ao sol e à lua.
Enquanto o falaz escravo, o severo pai, a perversa alcoviteira
E a meiga cortesã viverem, haverá Menandro.   18

9 Meônides] Meônia corresponde à Lídia e por muitos é considerada como a pátria de Homero. As referências topográficas seguintes aludem a Tróia, local onde transcorre a *Ilíada*. **10** Simoente] Rio da Tróada, que deságua no Escamandro, hoje Mendes. **11** Ascreu,] Nativo de Ascra = Hesíodo. Refere-se também a sua mais célebre obra, *Os trabalhos e os dias*. **12** Ceres] Ver *Am.* I v. 9. **13** Batíada] Trata-se de Calímaco, filho de Bato, poeta alexandrino que inspirou Catulo e elegíacos em geral. Cf. Prop. IV 1, 64. **15** Sófocles.] Célebre autor grego de tragédias, como *Édipo* e *Ájax*. Os romanos do período de Augusto costumavam crer que os atores da tragédia clássica deviam usar coturnos. Cf. Hor., *Ars poetica*, v. 80. **16** Arato] Poeta contemporâneo de Calímaco, escreveu sobre astronomia: seus *Fenômenos* fizeram muito sucesso entre os latinos. **18** Menandro.] O ateniense Menandro é um exemplo emblemático da comédia de costumes.

120 | Ennius arte carens animosique Accius oris
Casurum nullo tempore nomen habent.
Varronem primamque ratem quae nesciet aetas
22 Aureaque Aesonio terga petita duci?
Carmina sublimis tunc sunt peritura Lucreti,
Exitio terras cum dabit una dies.
Tityrus et segetes Aeneiaque arma legentur,
26 Roma triumphati dum caput orbis erit.
Donec erunt ignes arcusque Cupidinis arma,
Discentur numeri, culte Tibulle, tui.
Gallus et Hesperiis et Gallus notus Eois,
30 Et sua cum Gallo nota Lycoris erit.
Ergo cum silices, cum dens patientis aratri
Depereant aeuo, carmina morte carent:
Cedant carminibus reges regumque triumphi,
34 Cedat et auriferi ripa benigna Tagi.
Vilia miretur uulgus; mihi flauus Apollo
Pocula Castalia plena ministret aqua,

Ênio carente de arte e Ácio de boca impetuosa | 121
Têm um nome que em tempo algum tombará.
Que época desconhecerá Varrão e a primeira nau
E o velo de ouro resgatado pelo comandante esônio? 22
Os versos do sublime Lucrécio então hão de perecer quando
Um único dia render a terra à sua extinção.
Títiro e as searas e as armas de Enéias serão lidos
Enquanto Roma for a cabeça do globo conquistado. 26
Enquanto houver fogo e arcos como armas de Cupido
Aprender-se-ão teus metros, culto Tibulo;
E Galo, Galo pelos hespérios e pelos orientais será conhecido
E com Galo será conhecida a sua Licóride. 30
Assim, quando as rochas e o dente do paciente arado
Se perderem com os anos, os versos carecerão da morte.
Que os reis e os triunfos dos reis se rendam aos versos,
Que se renda também a generosa margem do aurífero Tejo. 34
Que o vulgo admire as vilezas; a mim o flavo Apolo
Taças plenas de água castálide ministre,

19 Ênio carente de arte e Ácio] Ênio e Ácio são grandes nomes da poesia nacional (romana): o primeiro se destacou na épica e o segundo, na tragédia. (PERUTELLI, 2000) **21** Varrão] Trata-se de Varrão de Átax e sua *Argonautica* (poema que narrava a expedição saída de Argos com muitos renomados heróis para conquistar de volta o velo de ouro, empresa na qual se sobressaiu o jovem Jasão, o *Aesonio duci*). **23** Lucrécio] Autor da obra *De rerum natura*, poema que trata da teoria atômica tal como concebida por Epicuro a fim de combater o medo da morte e o temor aos deuses. **25** Títiro] Nesse dístico, Ovídio se refere a um dos maiores poetas das letras latinas: Virgílio, autor das *Bucólicas* (poesia pastoral cujo personagem de grande destaque é Títiro), das *Geórgicas* e da *Eneida*. **28** Tibulo;] Poeta elegíaco romano, considerado dono de um estilo leve e requintado. É um pouco anterior a Ovídio. Cf. *Am.* III 9 (poema que narra a suposta morte de Tibulo). **29–30** E Galo,…Licóride.] Galo é considerado o pai da poesia elegíaca romana por alguns críticos, pois teria "implantado" o gênero em Roma. Infelizmente, pouco nos restou de sua obra. Licóride é o pseudônimo de uma provável ex-escrava (Volúmia), musa do poeta. **34** Tejo.] O ouro desse rio se tornou proverbial: Cat. XXXIX 19; Marc. I 49, 15; X 16,4 e Juvenal. III 54—55. **36** Taças plenas de água castálide] O poeta se apresenta como o sacerdote das Musas, dado que a Castália se encontra no monte Parnaso, lar dessas nove mulheres. Cf. Hor., *Odes* III 1,1.

122 | Sustineamque coma metuentem frigora myrtum
38 Atque a sollicito multus amante legar.
Pascitur in uiuis Liuor; post fata quiescit,
Cum suus ex merito quemque tuetur honos.
Ergo etiam cum me supremus adederit ignis,
42 Viuam, parsque mei multa superstes erit.

E que eu sustenha em minhas madeixas a murta temerosa dos frios
E que assim eu seja muito lido por um solícito amante! 38
A inveja se apascenta dos vivos, após a morte descansa,
Quando a glória de cada um o protege de acordo com seu mérito.
Assim, também quando o fogo derradeiro tiver me consumido,
Viverei, e uma extensa parte incólume de mim restará. 42

COLEÇÃO DE BOLSO HEDRA

1. *Iracema*, Alencar
2. *Don Juan*, Molière
3. *Contos indianos*, Mallarmé
4. *Auto da barca do Inferno*, Gil Vicente
5. *Poemas completos de Alberto Caeiro*, Pessoa
6. *Triunfos*, Petrarca
7. *A cidade e as serras*, Eça
8. *O retrato de Dorian Gray*, Wilde
9. *A história trágica do Doutor Fausto*, Marlowe
10. *Os sofrimentos do jovem Werther*, Goethe
11. *Dos novos sistemas na arte*, Maliévitch
12. *Mensagem*, Pessoa
13. *Metamorfoses*, Ovídio
14. *Micromegas e outros contos*, Voltaire
15. *O sobrinho de Rameau*, Diderot
16. *Carta sobre a tolerância*, Locke
17. *Discursos ímpios*, Sade
18. *O príncipe*, Maquiavel
19. *Dao De Jing*, Laozi
20. *O fim do ciúme e outros contos*, Proust
21. *Pequenos poemas em prosa*, Baudelaire
22. *Fé e saber*, Hegel
23. *Joana d'Arc*, Michelet
24. *Livro dos mandamentos: 248 preceitos positivos*, Maimônides
25. *O indivíduo, a sociedade e o Estado, e outros ensaios*, Emma Goldman
26. *Eu acuso!*, Zola | *O processo do capitão Dreyfus*, Rui Barbosa
27. *Apologia de Galileu*, Campanella
28. *Sobre verdade e mentira*, Nietzsche
29. *O princípio anarquista e outros ensaios*, Kropotkin
30. *Os sovietes traídos pelos bolcheviques*, Rocker
31. *Poemas*, Byron
32. *Sonetos*, Shakespeare
33. *A vida é sonho*, Calderón
34. *Escritos revolucionários*, Malatesta
35. *Sagas*, Strindberg
36. *O mundo ou tratado da luz*, Descartes
37. *O Ateneu*, Raul Pompeia
38. *Fábula de Polifemo e Galateia e outros poemas*, Góngora
39. *A vênus das peles*, Sacher-Masoch
40. *Escritos sobre arte*, Baudelaire
41. *Cântico dos cânticos*, [Salomão]
42. *Americanismo e fordismo*, Gramsci
43. *O princípio do Estado e outros ensaios*, Bakunin
44. *O gato preto e outros contos*, Poe
45. *História da província Santa Cruz*, Gandavo
46. *Balada dos enforcados e outros poemas*, Villon
47. *Sátiras, fábulas, aforismos e profecias*, Da Vinci
48. *O cego e outros contos*, D.H. Lawrence

49. *Rashômon e outros contos*, Akutagawa
50. *História da anarquia (vol. 1)*, Max Nettlau
51. *Imitação de Cristo*, Tomás de Kempis
52. *O casamento do Céu e do Inferno*, Blake
53. *Cartas a favor da escravidão*, Alencar
54. *Utopia Brasil*, Darcy Ribeiro
55. *Flossie, a Vênus de quinze anos*, [Swinburne]
56. *Teleny, ou o reverso da medalha*, [Wilde et al.]
57. *A filosofia na era trágica dos gregos*, Nietzsche
58. *No coração das trevas*, Conrad
59. *Viagem sentimental*, Sterne
60. *Arcana Cœlestia e Apocalipsis revelata*, Swedenborg
61. *Saga dos Volsungos*, Anônimo do séc. XIII
62. *Um anarquista e outros contos*, Conrad
63. *A monadologia e outros textos*, Leibniz
64. *Cultura estética e liberdade*, Schiller
65. *A pele do lobo e outras peças*, Artur Azevedo
66. *Poesia basca: das origens à Guerra Civil*
67. *Poesia catalã: das origens à Guerra Civil*
68. *Poesia espanhola: das origens à Guerra Civil*
69. *Poesia galega: das origens à Guerra Civil*
70. *O chamado de Cthulhu e outros contos*, H.P. Lovecraft
71. *O pequeno Zacarias, chamado Cinábrio*, E.T.A. Hoffmann
72. *Tratados da terra e gente do Brasil*, Fernão Cardim
73. *Entre camponeses*, Malatesta
74. *O Rabi de Bacherach*, Heine
75. *Bom Crioulo*, Adolfo Caminha
76. *Um gato indiscreto e outros contos*, Saki
77. *Viagem em volta do meu quarto*, Xavier de Maistre
78. *Hawthorne e seus musgos*, Melville
79. *A metamorfose*, Kafka
80. *Ode ao Vento Oeste e outros poemas*, Shelley
81. *Oração aos moços*, Rui Barbosa
82. *Feitiço de amor e outros contos*, Ludwig Tieck
83. *O corno de si próprio e outros contos*, Sade
84. *Investigação sobre o entendimento humano*, Hume
85. *Sobre os sonhos e outros diálogos*, Borges | Osvaldo Ferrari
86. *Sobre a filosofia e outros diálogos*, Borges | Osvaldo Ferrari
87. *Sobre a amizade e outros diálogos*, Borges | Osvaldo Ferrari
88. *A voz dos botequins e outros poemas*, Verlaine
89. *Gente de Hemsö*, Strindberg
90. *Senhorita Júlia e outras peças*, Strindberg
91. *Correspondência*, Goethe | Schiller
92. *Índice das coisas mais notáveis*, Vieira
93. *Tratado descritivo do Brasil em 1587*, Gabriel Soares de Sousa
94. *Poemas da cabana montanhesa*, Saigyō
95. *Autobiografia de uma pulga*, [Stanislas de Rhodes]
96. *A volta do parafuso*, Henry James
97. *Ode sobre a melancolia e outros poemas*, Keats
98. *Teatro de êxtase*, Pessoa
99. *Carmilla — A vampira de Karnstein*, Sheridan Le Fanu

100. *Pensamento político de Maquiavel*, Fichte
101. *Inferno*, Strindberg
102. *Contos clássicos de vampiro*, Byron, Stoker e outros
103. *O primeiro Hamlet*, Shakespeare
104. *Noites egípcias e outros contos*, Púchkin
105. *A carteira de meu tio*, Macedo
106. *O desertor*, Silva Alvarenga
107. *Jerusalém*, Blake
108. *As bacantes*, Eurípides
109. *Emília Galotti*, Lessing
110. *Contos húngaros*, Kosztolányi, Karinthy, Csáth e Krúdy
111. *A sombra de Innsmouth*, H.P. Lovecraft
112. *Viagem aos Estados Unidos*, Tocqueville
113. *Émile e Sophie ou os solitários*, Rousseau
114. *Manifesto comunista*, Marx e Engels
115. *A fábrica de robôs*, Karel Tchápek
116. *Sobre a filosofia e seu método — Parerga e paralipomena (v. II, t. 1)*, Schopenhauer
117. *O novo Epicuro: as delícias do sexo*, Edward Sellon
118. *Revolução e liberdade: cartas de 1845 a 1875*, Bakunin
119. *Sobre a liberdade*, Mill
120. *A velha Izerguil e outros contos*, Górki
121. *Pequeno-burgueses*, Górki
122. *Um sussurro nas trevas*, H.P. Lovecraft
123. *Primeiro livro dos Amores*, Ovídio
124. *Educação e sociologia*, Durkheim
125. *Elixir do pajé — poemas de humor, sátira e escatologia*, Bernardo Guimarães
126. *A nostálgica e outros contos*, Papadiamántis
127. *Lisístrata*, Aristófanes
128. *A cruzada das crianças/ Vidas imaginárias*, Marcel Schwob
129. *O livro de Monelle*, Marcel Schwob
130. *A última folha e outros contos*, O. Henry
131. *Romanceiro cigano*, Lorca
132. *Sobre o riso e a loucura*, [Hipócrates]
133. *Hino a Afrodite e outros poemas*, Safo de Lesbos
134. *Anarquia pela educação*, Élisée Reclus
135. *Ernestine ou o nascimento do amor*, Stendhal
136. *A cor que caiu do espaço*, H.P. Lovecraft

Edição — Jorge Sallum
Coedição — Bruno Costa e Iuri Pereira
Capa e projeto gráfico — Júlio Dui e Renan Costa Lima
Programação em LaTeX — Marcelo Freitas
Revisão — Iuri Pereira
Assistência editorial — Bruno Oliveira
Colofão — Adverte-se aos curiosos que se imprimiu esta obra em nossas oficinas em 22 de junho de 2011, em papel off-set 90 g/m^2, composta em tipologia Minion Pro, em GNU/Linux (Gentoo, Sabayon e Ubuntu), com os softwares livres LaTeX, DeTeX, VIM, Evince, Pdftk, Aspell, SVN e TRAC.